图文故事中的浙江教育

王明建 李占京 著

江西教育出版社
JIANGXI EDUCATION PUBLISHING HOUSE

·南昌·

赣版权登字-02-2023-289

图书在版编目（CIP）数据

图文故事中的浙江教育 / 王明建，李占京著. —— 南昌：江西教育出版社，2024.5
ISBN 978-7-5705-3753-2

Ⅰ.①图… Ⅱ.①王… ②李… Ⅲ.①地方教育－案例－浙江 Ⅳ.①G527.55

中国国家版本馆CIP数据核字（2023）第153307号

**图文故事中的浙江教育**
TUWEN GUSHI ZHONG DE ZHEJIANG JIAOYU

王明建　李占京　著

江西教育出版社出版
（南昌市学府大道 299 号　邮编：330038）

出 品 人：熊　炽
责任编辑：冯会珍
美术编辑：张　延

各地新华书店经销
江西赣版印务有限公司印刷
710 毫米 ×1000 毫米　　16 开本　　16 印张　　221 千字
2024 年 5 月第 1 版　　2024 年 5 月第 1 次印刷

ISBN 978-7-5705-3753-2
定价：58.00 元

赣教版图书如有印装质量问题，请向我社调换　电话：0791-86710427
总编室电话：0791-86705643　　编辑部电话：0791-86708350
投稿邮箱：JXJYCBS@163.com　　网址：http://www.jxeph.com

# 前言

　　本书的选题构思及行文缘于杜成宪老师主编的《共和国教育70年》。受其启发，本书以《浙江日报》《人民日报》等报道浙江教育发展的高频次事件为主题选择依据，聚焦中华人民共和国成立以来浙江各个历史时期的教育发展中具有全局性、关键性、长远性影响的大事、要事。这些事有的在全国各地都发生过，有的只发生在浙江，包括政策、法规、制度、计划、改革、会议、运动、举措、人物、讲话、主张、讨论等。

　　书中所有事件的表述，从词性上说，可以分为名词性的和动词性的，如一个文件（《浙江省实行九年制义务教育条例》）和一场运动（大规模推行"速成识字法"）；从形成方式上说，可以分为原生性的和再造性的，如本来就是一个历史名称（民办公助）和历史上本无其名，是今天的概括（让一部分知识分子先富起来）；从内涵上说，可以分为单一性的和综合性的，如表达单一事件的（建设杭州文教区）和综合几个同类事件的（分级办学、分级管理）；还有就是以典型事件带动相关事件的（浙大校长钱三强到校任职）。

　　每一事的写法大致包括：对事的概括语；事的背景与缘由；事的经过；事的结果；事的影响。对事一般不做评价，借鉴历史上"志"的笔法，重在记，旨在以准确为原则。具体来说，每一事的写法因事而异，视条目的性质而定。有些条目内涵相对单一，容易处理。有些综合性条目需要考虑其内涵的不同方面，并予以兼顾。

每一事分为主体文本和辅助文本：主体文本即通过文字对某事原委和经过所做的叙述；辅助文本是指不宜在正文中展开却又十分有助于补充、解释、深化正文含义的相关内容，主要体现为相应的"大事记"，为读者提供拓展阅读的线索。

图文并茂是本书所追求的特色呈现方式。文字重在叙述"事"之原委，图则偏于展现"事"之具象，借助教育历史事件、人物、活动、实物、文件等方面的图文资料，再现历史场面，营造历史阅读的现场感。希望图能够与文字相得益彰，丰富和深化主体文本的历史、思想、文化内涵。

# 目录

# 教育向工农开门

　　新中国成立之前的教育主要是为少数人服务，大多数人被排除在教育的大门之外。到了民国时期，即使在教育发展程度最高的年份，据不完全统计，平均每万人中的高等学校学生也仅 3 人，中等学校学生仅 38 人，初等学校学生仅 486 人。在农村，封建私塾占相当大的比重。况且，中等学校大多集中在城镇，高等学校大多集中在上海、天津、南京等大城市，边远省份和少数民族地区学校很少，且学费昂贵。同时，由于生产力水平低下，加上帝国主义、封建主义、

杭市将有五千失学工农子弟入学（《浙江日报》1952 年 8 月 23 日第 3 版）

官僚资本主义的剥削压迫，劳动人民即使终日劳作，也往往食不果腹，很少有能力供子女上学读书。广大工农民众实际上被剥夺了受教育的机会，以至于我国当时 80% 以上的人是文盲，农村和少数民族地区文盲率近乎 100%。高等学校的优秀毕业生只有被派到欧美留学才能获得硕士和博士学位。从 1939 年到 1949 年，教育主管部门只授予了 232 个硕士学位，博士学位则一个也未能授予。

在这种教育不发达、学校分布极度不均衡、文盲充斥、不能独立自主培养高级专门人才的状况之下，新中国于成立之初就确立了民族、科学、大众的教育方针，向工农敞开教育之门，建立人民助学金制度，减轻学生求学负担；并明确规定，学校招生时可以优先录取工农及其子女，中、初等技术学校除招收应届初中、小学毕业生外，还可以招收过去因经济困难而辍学或参加工作后仍想继续学习的同等学力的非应届毕业生。

1951 年，浙江省中等学校暑假招生放宽同等学力报考资格，优先录取工农出身的学生，大量招收工农青年、革命干部及工农革命干部子弟。与此同时，师范和农业类学校的招生采取选拔保送的方式，优先招收工农及其子女。1953 年，浙江省教育厅下发通知，要求适当放宽工农子弟入学年龄的限制，只要小学毕业生不超过 19 岁就可以报考初中，初中毕业生不超过 22 岁就可以报考高中。1949 年，对于经济困难的工农子女，杭州市军管会文教部决定减免其学杂费。浙江省文教厅根据政务院《关于救济失业教师与处理学生失学问题的指示》公布人民助学金支给标准和各级各类学校学生享受助学金的比例。1950 年，浙江省文教厅通知扩大助学金名额，使工农子弟及部分因家庭经济情况变化不能继续负担入学费用的学生能继续就读，并决定对私立学校的学生也给予一定的助学金支持。之后，教育部、浙江省文教厅又对人民助学金标准等问题做出一些调整、修改和补充。如 1951 年浙江省文教厅通知高等学校、中等专业学校（包括师范和技术学校）、工农速成中学、工农速成初等学校学生，均实行 100% 的助学金；普通中学（包括二部制）的高级中学为 30%，初级中学（包括二部制）为 20%。

这些政策措施施行后，工农子女的就学比例不断提高。1952 年，小学生中工农子女的比例达到了 77%，学龄儿童入学率达到了 52%。1953 年，中学生中工农子女的比例达到了 44.3%，其中初中为 47.5%，高中为 23.2%。

除了在普通学校教育中提高工农及其子女入学比例之外，新中国成立初期的浙江与全国其他省份基本一样，也面临着文盲和半文盲人口比例极高的现实挑战。全省 1000 多万名青壮年农民中，文盲、半文盲人口有 900 多万；

幸福的新中国儿童（《浙江日报》1952年6月1日第4版）

51万多名职工中，文盲、半文盲人数有36万多名。而工农干部和工农群众是建设新中国的骨干力量，因此，扫除文盲，提升工农干部和工农群众的文化水平就成为一项刻不容缓的政治任务。

1949年到1958年，浙江省各级人民政府先后开办了机关学校（机关干部、职工业余学校）、工农干部文化补习学校（工农速成初等学校）和工农速成中学以提升工农干部文化水平。在农村广泛开展冬学运动，在城镇开办工人夜校、民众学校、识字班、训练班以及附设于部分机关学校、小学内的成人班、妇女班等，开展扫盲运动，提升工农群众的文化水平。

## 大事记

1949年10月　浙江省文教厅召开专署文教科长会议，提出全省教育工作采取"维持现状、训练干部、了解情况、稳步改造"的工作方针。取消训育制度，废除党义、公民、童子军训练等课程；贯彻学校向工农开门、教育为生产服务、师生为人民服务的办学方针。

1951年2月　浙江省文教厅在杭州开办浙江省工农干部文化补

习学校。下半年，嘉兴、宁波、金华专区亦各开办1所。全省共4所，在校学生667人。

1951年7月　浙江省第一所工农速成中学创办，校址在杭州市体育场路，首届招生97人。

# 大规模推行"速成识字法"

　　"速成识字法"由贫农出身的河南郏县人祁建华发明。解放大西南行军作战途中，他作为人民解放军某部文化教员开始研究这一识字教育的方法。1950年，祁建华摸索出了"速成识字法"，并在几个单位中试验成功。1951年，西南军区先后开办了87个实验班，在12 657名工人和农民出身的干部、战士及3030名文化教员中试验有效。随后，中央人民政府人民革命军事委员会总政治部宣传部又会同华北军区政治部，在若干连队里做了试验。人民解放军全军第二届宣教文化工作会议和中央人民政府教育部专门召集的语文专家座谈会先后对该识字法进行研讨，一致认为祁建华所创造的"速成识字法"继承了人民解放军多年文化教育的优良传统，是在教学实践中创造出来的消除文盲的良好方法。"速成识字法"完全适用于工农教育，在缩短全国扫除文盲的时间和节省人力物力方面，有巨大的贡献，同时对加速国家工业化也会有很大帮助。

　　这个识字法主要的特点，是用注音符号（战士称之为"识字拐棍"）作工具，照顾各地方言，不苛求"标准音"和"四声"，在较短的时间内迅速认识大量的常用单字，初步做到会认、会讲，进而做到会写、会用，达到"四会"的目的。多次试验证明：一般原认200个字以下的学员，经14天到16天的学习，即可平均提高到会认 2000 个字的水平，成绩最好的能认 2766 个字；原认 200 个字以上 500 个字以下的学员，达到上述目标需 11 天到 13 天；原认 500 个字以上的学员，只需 8 天到 10 天就可达到上述目标。

1952 年 2 月，中国铁路工会杭州分区委员会调集 30 个文盲装卸工人，脱离生产，在杭州市举办了第一个"速成识字法"实验班，取得了良好成效。该班学员经过 39 天共 274 小时的学习，从平均认识 145 个字提高到平均认识 1900 个字，最多的能认识 2400 个字，最少的也能认识 1500 个字。他们读完了中国铁路总工会所编的二年制铁路工人课本 4 册（从第 1 册到第 4 册），平均每人读完了抗美援朝故事丛书 10 本；学员们还将自己的学习成绩写信汇报给党和毛泽东主席以及铁路局分局首长等；平均每人写信 2 封、写稿 6 篇，同时还培养了推广"速成识字法"的教师 35 人。随即，杭州市文教局、杭州市总工会等部门在浙江麻纺织厂、杭州第一纱纺厂开设工人业余"速成识字法"实验班。在杭州市江干区试办了一个农民业余"速成识字法"实验班。同时，浙江省文教厅、杭州市文教局连续举办"速成识字法"座谈会，及时交流和总结经验。有了这些成绩和经验的积累，浙江省文教厅于 1952 年 5 月制定出了推广"速成识字法"的计划，并在全省第七次文教行政会议上提出了推广该识字法的计划和任务。随后，浙江省人民政府决定于 1952 年冬季在全省范围内普遍推广"速成识字法"。

按照浙江省人民政府及文教厅的要求，全省各地都进行了"速成识字法"的宣传酝酿，纷纷制定推行这一识字法的计划，并由党、政、工、农、青、妇等有关机关团体联合会组成专门机构，统一领导。先后开办实验班和师资训练班，开展重点试验和培养师资的工作。有些地方在师资训练班中附设几个实验班，把训练师资与重点实验班结合起来；有的地区先重点开办实验班，创造经验，然后再训练师资；有的地方先开办小型的师资训练班，然后再进行重点试验。由于各级党委对这一工作的重视，许多专区、市、县的党政领导亲自拟订或批准推广计划，亲自到师资训练班或重点实验班做动员报告，并经常了解学员情况。这一工作取得了良好效果，受到了学员及人民群众的热烈欢迎。许多实验班的学员对于用自己的手写出了自己心里的话感到异常高兴。如长兴县速成识字班将学员徐明正写给毛泽东主席的信，用挂号信直接邮寄出去，徐明正高兴得一时说不出话来。后来他说："我做梦也没有想到我也能写信给毛主席！"许多学员在学习结束时都提出保证，回去后要用自己的亲身体会向大家宣传"速成识字法"的好处，经常

浙江省工农干部文化补习学校速成识字实验班学员，在党的鼓励和自己的努力下，在两个星期内突击学会生字两千到三千个。为了迎接党的生日，他们正积极展开大量阅读，为进入下一个阶段——学习写作做准备（《浙江日报》1952年7月1日第8版）

学习读报，巩固和提高自己的成绩，并要把学习"速成识字法"的精神贯彻到生活和工作中去。各地"速成识字法"实验班的成功，使广大工农群众对"速成识字法"有了正确的认识，为全面推广"速成识字法"打下了良好的思想基础。

另外，训练师资是推广"速成识字法"、开展扫盲运动最重要的前提。浙江省人民政府在杭州开办一所工农速成师范学校之后，又分别在绍兴市、宁波专区四明山区、永康方岩、温州专区、台州专区举办了5个规模较大的师资训练班。抽调大批各地的机关学校、工农干部文化补习学校、职工业余学校、农民业余初等学校及工农速成初等学校的校长、教师以及优秀的小学校长、教师等进校学习。杭州工农速成师范学校第一期速成识字训练班就训练了1000多名教师。他们在回到各地后，成为当地开展重点试验和培训师资的骨干。

# 大事记

1952年秋　浙江省人民政府发布《关于推行速成识字法，开展扫除文盲运动的指示》。全省参加冬学的175.5万名农民中，有14.4万人接受了以速成识字法进行识字的试验。

1953年7月　浙江省教育厅发出《关于整顿小学教育的指示》，要求严格控制发展，努力提高质量，着重办好城市小学、工矿区小学，以及农村的完全小学和中心小学，少数民族地区和革命根据地的小学。下半年起，暂停推行"五年一贯制"。

1955年7月1日至7日　浙江省教育厅、省工会联合会、省工业厅、团省委在杭州联合召开职工业余文化教育会议，传达贯彻全国职工业余文化教育会议精神，并讨论制订全省职工教育发展规划，提出：在产业工人中，积极地、有计划地发展职工业余中学和业余高小，大力扫除职工中的文盲；在行业工人中着重扫除文盲。

1956年2月　中共浙江省委决定，将省工农速成中学与省委初级党校附设的干部速成中学合并办学。两校合并后，称浙江省干部速成中学，原省工农速成中学为一部，原干部速成中学为二部。

1957年7月　浙江省人民委员会批转省教育厅《关于加强职工业余文化教育工作的意见》（以下简称《意见》）。《意见》强调职工业余文化教育要贯彻"积极发动与自愿相结合"和"服从生产，便利工人入学，照顾工人健康"的原则，分期分批地组织职工中的文盲入学。

# "民办公助"办小学

早在抗日战争时期，陕甘宁边区政府就探索出了"民办公助"的小学教育发展模式，并取得了辉煌的成果。在这一模式中，人民群众作为办学的主体，筹集人力、物资、财力保障办学并自主管理，政府给予全面的办学指导、扶持和帮助。浙江解放后，党和政府本着"维持现状、训练干部、了解情况、稳步改造"和迅速复课的方针，在对之前的各级各类教育的接收、接管、接办和改造工作中，对于农村的小学教育，继承和发展了边区政府时期的"民办公助"模式。

1949年8月，中国人民解放军杭州市军事管制委员会文教部颁布《关于公立学校的决定》，要求将原有公立完全小学、县立初级小学之外的小学，一律改为"民办公助"。同年12月，浙江省人民政府发出《关于小学民办公助的指示信》，要求大力宣传"自己的学校自己办"的理念，广泛发动农民捐资办学，进一步推动"民办公助"工作。

1950年上半年，浙江省人民政府再次强调必须贯彻"民办公助"的方针，解决乡村小学的经济问题。浙江省文教厅提出"巩固与改造公立小学，大力发展民办小学，维持与发展私立小学"的工作方针，指出"小学的维持与发展，主要靠民办公助"，并对民办小学的组织管理、经费来源等问题做出规定。由此，浙江各

初夏的星期日，在美丽的西湖湖滨，少年儿童队员们在欢乐地舞蹈、歌唱（《浙江日报》1952年5月14日第1版）

地以村或校为单位，依靠农会组织起教育委员会。该委员会由村干部、学生家长以及当地热心教育人士等组成，主要负责筹集经费、聘请教师、劝学招生、教育监督等工作。办学经费主要依靠以乡为单位进行"合理负担，自愿捐助"的地方筹募，辅之以学杂费收取、学生供给教师膳食、群众集体生产或助工助料等方式。有些地区经群众倡议，在土改中保留了部分校田，或是从反霸斗争成果中拨粮拨物，作为支持当地小学发展的物质基础。需要注意的是，此时的"民办"专指农民集资兴学，办学主体为集体经济组织，所办学校实质上属于公有化程度低的公立小学。基于这一"民办"的性质，1951年浙江省第一次初等教育工作会议不仅再次强调在乡村继续鼓励小学"民办公助"，还要求发动大型厂矿、企业、机关、团体、工商联等单位办学。

到1951年下半年，民办小学的学生总数较上一年增长了93.3%。1952年，浙江省民办小学最多的时候有2.6万余所，约占全省小学总数的94%；学生140万人，约占全省小学生总数的78%。

## 大事记

**1950年1月15日至21日** 浙江省第三次教育行政会议在杭州召开，传达了第一次全国教育工作会议精神，并讨论了浙江省文教厅提出的1950年工作计划草案，以及解决部分学生失学、私立中学维持与改进、小学民办公助、开展冬学和社会教育工作、教育行政合理化等问题。

1951年5月2日至8日　浙江省文教厅召开第一次全省初等教育工作会议，要求全省初等教育继续贯彻"调整统一，整顿巩固，有条件地发展"的方针。在城镇，发动大型厂矿、企业、机关、团体、工商联办学；在农村，继续鼓励小学民办。

1951年10月21日　浙江省文教厅发出《关于初等教育的指示》，决定推行小学"五年一贯制"，要求全部学龄儿童进入小学，争取五年之内，全省半数工农青壮年的文化水平达到小学程度。

# 纠正学校教育工作中的混乱现象

教师兼职过多严重影响教学工作（《浙江日报》1953年4月11日第3版）

新中国成立初期的学校教育工作，基本上执行了中央"维持原有学校、逐步加以必要的与可能的改良"的总方针，并取得了显著的成绩。一方面，由于各方面工作任务繁重，干部异常缺乏，各机关团体曾大量吸收青年知识分子及中小学生参加工作；另一方面，由于缺乏必要的限制和制度，很多机关、团体未能为国家培养人才做长期打算，只根据眼前需要，不通过教育主管机关，任意从学校抽调学生，或招聘在职教师与在校学生参加工作，使学校工作受到严重影响。

1951 年 8 月，中共中央华东局指示有关机关，纠正诸如随便拉学生参加突击工作，动员学生参加欢迎会、欢送会及布置会场，叫学生打着腰鼓欢送集体缴税的商人和集体纳粮的农民，随便占用学校房舍，学校师生职务多、会议多、社会活动多等严重影响学生学习和健康的混乱现象。同时指出，这一系列的混乱现象是对"中心工作压倒一切"的误解，严重破坏了人民教育事业的计划性与组织性，大大影响了学校教育的正常发展。这说明部分干部对于学校的教育工作，具有只顾自己、不顾全局的狭隘思想和对人民教育事业严重的不负责任态度。有关领导机关应该对这种混乱现象进行深入的检查和严格的纠正。

然而，到 1953 年，学校教育工作的这一混乱现象还没有得到有效改善。华东某些县、区、乡领导机关仍存在着不重视教育工作，任意抽调学生参加社会活动和粗重的体力劳动，严重影响学生学习和健康的混乱现象。比如，《光明日报》1953 年 4 月 15 日报道：新昌县人民政府建设科为欢迎劳动模范回县，抽调南明中学的学生乐队去迎接，因事先没有联络好，曾三次到车站去，每次都等候三四个小时，不但妨碍了正常学习，还使学生疲劳不堪。桐乡县的合作社、银行、工厂、速成识字班、工会等也经常在上课时间抽调县中学生乐队去奏乐。绍兴县很多学校经常停课去参加社会活动，孙端小学师生因被抽调去搞城乡物资交流大会停课四天。有些学校任意叫学生承担各种行政事务工作或

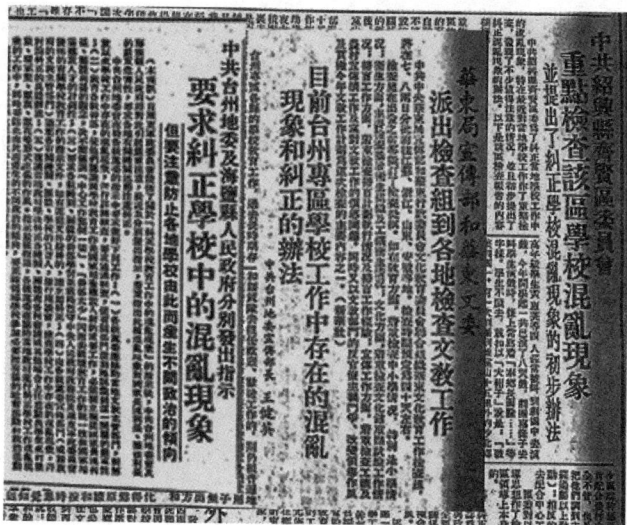

《浙江日报》20 世纪 50 年代刊发纠正学校中混乱现象的报道

粗重的体力劳动，严重影响了学生的健康。如天台育青中学、杭州安定中学、永康日新中学等许多学校的伙食管理都推到学生身上。其中，天台育青中学叫学生半夜起来磨豆浆，一直到早自习。管经费的学生每周总有三四个晚上算账到十二点左右，以致第二天上课打瞌睡。该校有些膳食委员在期终考试时九科功课竟有六七科不及格。杭州安定中学的合作社工作也要学生负责。

这些现象已经严重影响了学生的学习和身体健康，影响了教育事业的顺利发展，同时也违犯了政府的法令。为此，华东局宣传部和文委及浙江省政府要求有关部门必须迅速对这种情况采取有效措施，予以纠正。《人民日报》《光明日报》《浙江日报》等媒体多次集中对这种现象进行了揭露和批判，指出在学校教育的基本问题上，大家的思想认识的不一致，以及工作中的本位主义、小团体主义作怪是造成学校教育工作混乱的主要原因，必须统一思想认识，明确学校的任务就是搞好教学，学生的任务就是学习。学校中一切工作都应当围绕着搞好教学工作这一总目的来进行。同时，各地政府和相关部门也加大了对学校教育教学工作的检查，如华东局宣传部和华东文委、台州地委、绍兴县齐贤区委及嘉善县等派出检查组检查学校文教工作。之后，学校教育工作的混乱现象得到一定程度的遏制。

## 大事记

　　**1953年3月24日至4月6日**　浙江省文教厅在杭州召开第八次全省教育行政会议，传达政务院文教会议及华东文教会议精神，确定1953年文教工作方针是"整顿巩固、重点发展、提高质量、稳步前进"，强调搞好教学工作是学校工作压倒一切的中心任务，纠正学校混乱现象是当前改进教学、提高教学质量的首要关键。

# 走永嘉中学的路

1958 年 3 月 7 日，《浙江日报》发表社论《走永嘉中学的路》，号召 "全省各地学校应该以永嘉中学为师，走它所走的道路"。文中说道："这里的学生一面劳动，一面读书，上课堂是学生，下课堂是农民，

杭州市大、中、小学教职员工及大、中学校学生一万六千余人，利用春假赴杭州市凤凰山造林。他们在两天内共植树九万余株。这是杭州第一中学学生在凤凰山上种植树苗的情形（《浙江日报》1952 年 4 月 6 日第 1 版）

他们的双手不是插在裤袋里，而是扛起锄头，与农民一起下田下地。" 这个学校的学生 70％ 以上是工农子弟，多数学生的家庭难以担负上学的费用，但他们垦地种稻、搭棚养猪，还开展了养蜂、喂鸡、砍柴、烧炭等多种副业。这不仅为学生解决了读书的经济负担问题，学校得以完全安定下来，而且还为国家生产了 17 万余斤稻谷，甚至有不少学生主动提出放弃助学金或降低助学金的等级。社论指出，"永嘉中学值得学习，是因为，这所学校所开展的勤工俭学活动，是具体实现知识分子与工农相结合、脑力

劳动与体力劳动相结合的重要途径"，"是教育和生产相结合的典范，是办好社会主义学校的榜样"。

实际上，早在新中国成立初期，浙江省各级各类学校就十分注重加强劳动教育，培养学生热爱劳动的情感。1949年，在财政经济和人民生活均困难的处境下，浙江省文教厅提出要"在自力更生原则下，尽量设法克服困难，维持现下的公私立学校"，并向各市、县政府及学校发出《关于开展工读解决就学困难的指示》。1950年，中共浙江省委发布《关于工读运动的指示》等通知，要求发动学生"凭自己的力量，一面生产，一面就学"，"诸凡农业垦荒，利用公河公塘养鱼，包做土木工程，包碾公粮米，小手工业，畜牧，编织缝纫等一切中学生能胜任的工程劳作，都应该发动他们去做"。就在这一年3、4月对134所学校的调查显示，通过工读运动解决了3657人的继续就学问题，占到了这些学校在校生总数的11%。由此可见，工读运动的效果显著。另外，浙江省的小学自1955年9月起，在一年级至六年级增设手工劳动课，每周1课时，逐年推进。自1957年秋起，又在农村及城市郊区小学的五、六年级增设农业常识课，每周1课时，并使用浙江省教育厅编印的小学农业常识教材。

中学自1956年起，在物理、化学、生物、数学、制图、地理6门学科的教学中，强调与生产劳动及日常生活的联系，并在条件允许的中学设置教学工厂和试验园地，进行综合技术教育试验。

到1958年，为了纠正前几年学习苏联教育经验导致的教育脱离生产劳动、脱离实际，忽视思想政治教育、党的领导等教条主义倾

湖州师范附小"红领巾农药厂"的少先队员正在用辣壳粉做农药（《浙江日报》1958年8月11日第3版）

向，以及革除我国传统教育长期存在的轻视劳动和劳动人民的弊端，全国教育经历了一个大胆探索、曲折发展的阶段，进行了一些富有中国特色的教育改革的尝试。生产劳动列入学校正式课程，勤工俭学活动进入高潮阶段。《走永嘉中学的路》发表之后，浙江省教育厅发布《关于在普通中小学、师范学校继续大力开展勤工俭学的意见》（以下简称《意见》），规定学生每周参加生产劳动的时间，城市学校 4 小时，农村学校 8 小时，全年以 8~10 周为宜（包括假期在内）。《意见》还将劳动时间列入日课表，劳动表现和成绩作为学生品德和学业成绩鉴定的依据之一。实际上，当时在"大跃进"运动的影响下，多数学校的学生劳动时间超过了教学计划的规定。他们或者半天上课，半天劳动；或者一周内安排若干学习日和若干劳动日，劳动的日数从 1 天到 4 天不等。

就在浙江省教育厅的《意见》发出的三四个月之后，全省各类学校开办了附属工厂 27 790 个，附属农场 30 000 余个，拥有耕地 46 550 亩，有 371 万名师生参加勤工俭学活动，共计产值 2928 万多元。当然，这些统计与"大跃进"运动中一些地方出现的浮夸风气有关。再过一个月后的统计显示，全省大、中、小学校已办起各类校办工厂 34 167 个，涉及冶金、翻砂、机械、化工、造纸、印刷等 20 多个行业。此外，有些学校还与工厂合作，或者组织师生到工厂生产劳动，或者直接把工厂的车间搬到学校中供师生劳动。下半年，在"全党全民大炼钢铁"运动中，全省各类学校建起了各种小高炉 14 000 多个，出铁 2100 余吨，出钢 800 余吨。近 10 万人参观了在杭州举办的浙江

上海电机厂变压器设计组工程师奚祖祯正在为学生们讲解变压器中短路力的计算问题（《浙江日报》1959 年 6 月 14 日第 3 版）

省教育与生产劳动相结合展览会，会上典型展品和典型学校的经验还被选送到北京参加全国教育与生产劳动相结合展览会。

## 大事记

1954年4月25日　浙江省教育厅就高小、初中毕业生参加生产劳动和升学问题发出通知，要求各级政府和学校及时地、妥善地做好思想教育工作，组织教育行政人员及教师结合总路线精神，教育中小学毕业生为毕业后参加生产劳动做好准备。

1958年4月4日　中共浙江省委转发团省委《关于勤工俭学问题的报告》。在此之前，团省委于3月中旬在永嘉中学召开勤工俭学现场会议，介绍永嘉中学一面读书、一面劳动的经验。

1958年8月　全省高等学校、中等学校师生响应党的"全民办工业""全党全民办钢铁"号召，结合学校勤工俭学活动，掀起大办工厂、大炼钢铁热潮。不少学校师生停课参加劳动，学校正常的教学秩序受到影响。

1958年10月13日至12月25日　浙江省教育与生产劳动相结合展览会在杭州举行。展览会设序馆、生产劳动馆、教育改革馆、政治思想馆、工农教育馆、地方馆6个展馆，接待参观者近10万人。

1958年12月19日　中共浙江省委发出《关于学校教育工作的几项规定》，对大、中、小学生每周参加劳动的时间分别做出规定，强调各级各类学校要保证完成教学计划，改变学生参加生产劳动过多的情况。

1960年5月上旬　中共浙江省委召开全省地、市、县委文教书记会议，贯彻中央文教书记会议精神，着重讨论教育改革问题，决定按照"适当缩短年限，适当提高程度，适当控制学时，适当增加劳动"的要求，在全省中小学和师范学校中进一步扩大教学改革试验范围。

**1960年5月26日**　中共中央批转《浙江大专学校3万多名师生下厂参加技术革命效果很好》的材料。中央批示指出，"学校、研究机关和工厂相结合，学生、研究人员和工人相结合，教育工作、研究工作和生产相结合，好处很大，不仅促进了技术革命，也促进了文化革命和思想革命"，"这种三结合，所有的高等学校、中等专业学校和科学研究机关都可以推行"。

# 首先办好一部分学校

　　"首先办好一部分学校"的重点学校制度起源于延安时期"集中人力物力发展几个点"的办教育经验，在抗日战争和解放战争时期得以继承和发扬。1948年10月，新华社刊发经毛泽东主席修改的《恢复和发展中等教育是当前的重大政治任务》一文。该文提出"制订教育计划时，要量力而行，集中力量首先办好一部分学校"，使这一制度成为中央推动教育正规化的重要政策，聚焦发挥重点学校的模范作用，实现以点带面的效果。至1953年，在小学方面，浙江省确定了13所不同类型的小学作为浙江省重点联系的学校，包括杭州市、温州市、嘉兴专区各1所城镇完全小学，宁波专区、金华专区、台州专区、绍兴专区、杭县各1所区乡辅导小学，衢州专区、丽水专区、临安专区、杭县各1所乡村小学，宁波市1所私立小学。在中学方面，确定以省立杭州高级中学、省立杭州初级中学、杭州私立安徽中学、杭州私立崇文中学为重点，总结新民主主义教育方针办学经验；将与省文教厅建立直接联系制度的杭州第二中学确定为省重点中学；将杭州第一中学、宁波女子中学等9所中学作为重点，总结开展知识分子思想改造运动经验；以省立嘉兴中学、宁波市立中学等9所中学为重点，开展教学改革试验，并将其中的杭州第二中学设置为省文教厅直接管理的重点试验学校。另外，省内各专区、市分别选定1所中学为重点进行教改探索。

1953年5月，毛泽东主席指示，关于设置重点中学问题，要办。同年7月，教育部要求"各地除应办好一般中学外，还应根据当地情况，选若干所不同类型的完全中学和高中，加强领导，办得更好一些，以便取得经验，指导一般中学，并培养质量较高的学生"。至此，重点学校制度成为一项全国性的制度。浙江省教育厅遵照毛泽东主席及教育部的指示精神，于1954年确定了16所重点

在庄严的队旗下。准备着！为实现共产主义和伟大祖国的事业而奋斗！（《浙江日报》1955年6月17日第4版）

中学和2所重点小学，并要求各专区、市设立1所重点中学。之后重点学校名单虽有所调整，但直到20世纪60年代，设置重点学校的目的还都是围绕着"用办好这少数学校的办法，来推动教育工作的改进"，发挥以点带面的作用，主要着力于进行各方面的教育教学改革试验，以总结和推广经验，其中的竞争性和升学指向不明显。如1954年，浙江省教育厅在杭州第二中学开展关于如何领导教学工作及组织好教师在职学习的试验；1956年，在杭州第一中学进行如何当好校长、搞好教研组建设及团结改造教师的试验。

20世纪60年代以后，重点学校虽然也进行了相关的试验，比如，1962年全省98所完全小学试行《全日制小学暂行工作条例（草案）》，其中进行教改试验的有28所，剩余学校试验执行教育部新颁的十二年制中、小学教学计划，但重点学校的竞争性和升学指向越来越明显。1962年12月，教育部发出

《关于有重点地办好一批全日制中、小学校的通知》（以下简称《通知》），将确定重点中、小学的标准规定为：合理安排和稳定学校规模，加强领导力量和充实教师队伍（各学校各年级都要有骨干教师），充实教学所必需的物质条件（包括经费）及适当扩大招生范围。1963年1月，教育部进一步解释了《通知》，将重点学校的定位成为高一级学校优中选优，重点中选重点地提供优质生源。它提到"有重点地办好一批基础较好的学校，是指先集中力量办好一批'拔尖'学校的意思。第一批名单只能在原有重点中、小学内选定少数确实具备条件的学校"，"保持和逐步办好一定数量的全日制中、小学，为教育事业布局合理的稳固的基础，与高一级学校形成'小宝塔'"。同年6月，浙江省遵照《通知》精神，在17所省重点中学内选定了7所学校作为浙江省首批要办好的重点学校，使其成为省内中学的"拔尖"学校。这7所学校分别是杭州第一中学、杭州第二中学、宁波第一中学、温州第一中学、金华第一中学、金华第二中学、舟山第一中学。

## 大事记

1953年3月24日至4月6日　浙江省文教厅在杭州召开第八次全省教育行政会议，传达政务院文教会议及华东文教会议精神，确定1953年文教工作方针是"整顿巩固、重点发展、提高质量、稳步前进"。

1953年5月　根据教育部发布的中等技术学校调整整顿原则，开始调整、整顿浙江省的中等技术学校。至年底，全省中等技术学校从1952年的35所调减为28所。浙江省教育厅确定杭州第一中学、杭州第二中学、嘉兴中学、宁波市立中学、衢州中学、台州中学、温州中学、金华中学、临安中学为省重点中学，杭州上城区第三小学、杭县贺家塘小学为省重点小学，杭州师范学校、金华师范学校、萧山师范学校、湖州师范学校为省重点师范学校。

# 组建浙江师范学院

新中国成立初期的浙江政府在接管旧有学校的过程中，根据中共中央"争取、团结、教育、改造"知识分子的政策，对这些学校的教职员工采取了"包下来"的政策，除将极少数的反革命分子踢出教师队伍外，其余的全部

《人民日报》社论摘要《稳定和发展小学教育，培养百万人民教师》（《浙江日报》1951 年 10 月 15 日第 1 版）

留用。但随着新中国教育事业的恢复和发展，仅靠留用的教师已经不能满足形势发展的需要。所以，在接收旧有学校教师的同时，浙江省各级政府和教育行政部门着力加强教师的思想改造，发展和办好师范教育，拓展在职教师进修渠道，加强教师队伍建设，以满足基础教育稳步发展和提高教育教学质量的需要。

浙江省文教厅刘丹厅长在向全体教职员作"怎样做一个优秀的人民教师"的报告（《浙江日报》1952年9月20日第4版）

其中，由浙江省文教厅与浙江大学于1951年6月联合创办的浙江师范专科学校在次年的全国高等学校院系大调整中，与浙江大学文学院及理学院的部分系、之江大学文学院和理学院、浙江俄文专科学校合并组成的涵盖本、专科及研究生教育的浙江师范学院，对上述工作的落实较为典型。

一是在建院之初即根据中共中央宣传部《关于高等学校政治理论学习的指示》精神与学院实际，组织全体教职员工有条不紊地系统学习"中国革命史""马列主义基础""政治经济学""辩证唯物主义和历史唯物主义"等课程，举办长征故事报告会、抗日战争胜利纪念晚会和抗日战争图片展览等，帮助教职员工建立对共产党治国理念、马列主义的正确认识。

二是积极参与到学习苏联教育经验的热潮当中，特别是在1954年中央高等教育部"全面地、系统地、有计划地、全心全意地学习苏联"的要求下，学院邀请苏联专家费拉托夫教授来浙江师范学院考察6天，对学院教育教学改革做了全面的诊断和指导。学院不仅在教学计划、教学大纲及专业教科书选择上仿照苏联，而且在课堂教学的原则、方法和组织方面也全面按照苏联模式管理。例如，在教材选择方面，截至1955年，学院采用的苏联教材占比达到了80%。在教学方法及科学研究方面，1952年，学院采用了教学周历制度，要求教师做到以周为单位计划讲课进度，提高教学的计划性。1954年起，学院建立教学日历制度，包括编制各章节的时数分配、实验课、习题课、课外作业、测验次数与时间等，进一步增强教师教学的计划性。1955年，学院全部课程仿照苏联的教学形式，废除课代表制，实行学生班制度，加强学生的集体主义和互助互学观念。此外，学院特别要求，教师在教学中要联系中等教育的教学实际，注重研究中等教育教材，强调直观教学，加强教育实践。同时，为了提高教学质量，学院还仿照苏联做法，成立教研组，聚焦教法研究。到1956年，全院建立了教法教研组34个，教学小组2个，进行了200个课题研究，其中教学方法和中学教学问题研究有21个。

三是积极服务在职教师进修。1953年，学院试办中等学校教学研究通讯组，对数学、物理、化学、生物、地理5科的中学教师进行通讯指导。第二年设立中学教师进修部，对中学教师的教材教学学习研究工作进行指导，又于1955年以进修部为基础，成立浙江省教师进修学校，负责培训在职中等学校教师和教育行政干部以及中小学教研工作。1956年，又建立函授部，中文、数学2个专业共招收236名专科函授生，并于第二年试办夜大，满足中学教师的学历提升需求。

# 大事记

1950年7月　浙江省文教厅决定，在省立杭州、嘉兴、衢州、温州、处州、金华、台州、锦堂各师范学校和湘湖乡村师范学校分别开办小学教师轮训班，每期轮训时间为1年。

1951年8月22日　浙江省文教厅颁发《浙江省初级师范学校暂行实施办法（草案）》。至年底，全省除设有11所中等师范学校外，还增设初级师范学校21所。

1956年　新建杭州、宁波、温州3所师范专科学校；新办中学201所、中等师范学校7所、中等技术学校5所、小学448所；在35所初中内添办了高中班，在173所小学内添办了初中班。浙江师范学院在全省率先开办教师函授教育，浙江大学率先开办业余大专班。

# 浙江大学的院系调整

《浙江日报》20世纪50年代刊
发高校院系调整的报道

新中国成立前夕，浙江省内共有包括国立浙江大学、国立英士大学等在内的7所高等学校。随着浙江各县市的陆续解放，在接管这些学校的过程中，有关部门对省内高校做了适当的调整。如：将批准停办的国立英士大学的工学院、农学院、文理学院的部分师生和校产转入浙江大学；停办浙江大学的法学院和文学院史地学系的历史组，将史地学系的地理组改为地理学系，史地研究所改为地理研究所。

新中国成立后，为了配合当时社会经济建设的需要，参照苏联教育经验，依据"以培养工业建设人才和师资为重点，发展专门学院，整顿和加强综合大学"的方针，对旧的、不合理的高等教育布局做了进一步的改革，基本形成了省域内综合性大学和工科、农林、医药、师范专门学院各有一所的高等教育布局。遵照教育部的这一部署，浙江省于1952年1月启动了对省内高校的院系调整工作。其中，对浙江大学的院系调整最具有代表性。部分调整见表1：

表1　浙江大学部分院系调整简表

| 学校 | 时间 | 院系 | 方式 | 调整至 |
|------|------|------|------|--------|
| 浙江大学 | 1952年 | 文学院的人类学系，理学院的数学、物理学、化学、生物学系 | 调出 | 复旦大学 |
| | | 理学院的地理学系 | | 华东师范大学 |
| | | 理学院的药学系 | | 上海医学院 |
| | | 工学院的航空工程学系 | | 南京航空学院 |
| | | 工学院的土木工程学系的水利组 | | 华东水利学院 |
| | | 农学院的畜牧兽医学系 | | 南京农学院 |
| | | 农学院的森林学系 | | 东北林学院 |
| | | 文学院、理学院的一部分 | | 浙江师范学院 |
| | | 农学院 | | 浙江农学院 |
| 私立之江大学 | | 工学院的土木系、机械系 | 调入 | 浙江大学 |
| 厦门大学 | | 工学院的机械、电机、土木3个系的各一部分 | | |

经过院系调整，浙江大学由原来的设有5个学院、24个系的综合大学调整成了设有4个系、10个本科专业和10个专修科专业的高等工业院校。同时，为了理工结合，浙江大学又重新设立了数学和物理两个专业，增加了化工生产过程自动控制、河川枢纽与水电建设、无线电3个本科专业。1955年、1956年，原设的金工等7个专修科专业停止招生，之后不再进行专修科教育。

高等学校的院系调整是国家的统一决策，是我国基于国家成立初期社会发展现实的一种具体应对措施，它对于加速培养适应国家建设的急需人才具有积极的现实意义。此外，从浙江大学的院系调整中可发现，浙江大学对新中国高等教育的发展作出了非同一般的贡献。

# 大事记

　　**1952年1月2日**　浙江省高等学校调整委员会成立，在教育部统一部署下，开始了本省高等学校的院系调整工作。这一工作至1955年全部完成。

# 成立教学改革办公室

1953 年初，浙江省文教厅成立教学改革办公室，部署和指导中小学学习苏联教育经验和理论，改革学校教育教学。在浙江省和地（市）县设立教育学院、教师进修学校、教研室及以乡中心小学为基点的农村小学辅导网，实现了教改政策和措施真正落实到校、到人，教改效果显著。特别是对"凯洛夫《教育学》"和"课内课外配合进行"的指导和推广，改变了以往教师授课随意的状况，弥补了课堂教学的不足，促进了儿童个性的全面发展。

浙江大学副校长王国松发表文章《学习苏联高等教育工作中的先进经验》（《浙江日报》1952 年 11 月 7 日第 3 版）

例如，在课堂教学改革方面，凯洛夫《教育学》的"直观性原

《浙江日报》20世纪60年代刊发关于浙江教育质量的报道

则、自觉性与积极性原则、系统性与连贯性原则、通俗性与可接受性原则、巩固性原则"5个教学原则，"组织教学、复习旧课、讲授新课、巩固练习、布置作业"5个教学环节在中小学课堂教学中得到广泛应用，"红领巾"教学法成为语文教学的主流模式。学校普遍成立或进一步完善教学研究组，开展集体备课，拟定全学期教学计划和进度，并以此开展教学，这几乎成为教学工作的常态。启发式、谈话式、直观式教学方法成为主流教学方法。

在课内课外配合方面，作为对课堂教学的补充，各类课外兴趣小组广泛成立，课外活动得以不定期地开展。特别是在1953年开始的"小五年计划活动"中，不少学校配备了种植试验园地、小动物饲养场、地理园地、小气象站，甚至木（竹）工工厂、金工工厂、电工工厂等，实现了米丘林小组、动物饲养小组、气象观察小组等兴趣小组在课外对课内所学内容的实践和拓展。其中，於潜县绍鲁乡交口小学的种植试验小组种植收获的葵盘直径达39厘米的大向日葵，被选送到了在北京举行的全国少年儿童科学技术和工艺作品展览会上展出。这一试验小组的组长陈其坤作为浙江代表受到了中央领导的称赞。（其后，该校的种植试验小组每年都有亮眼的试验成绩，如长1.6米的大丝瓜、能抽出5至7秆最多结出60多个穗的玉米、一秆长出18个穗的分枝分穗小米和一秆长9个穗的分枝分穗大麦等。）后来，交口小学在该试验小组的基础上成立了少年科学院，宋庆龄副主席为其亲题了"力争上游"给予勉励。在交口少年科学院这一典型案例的影响下，省内其他中小学也相继成立少年科学院等类似兴趣小组，开展课外兴趣活动，增长学生的知识和才干。如淳安县方宅中心小学由小农场、小气象站、小畜牧场等组成的少年科学院就曾获得全国少年科技试验活动先进单位称号。

## 大事记

1955年9月　以浙江师范学院中学教师进修部为基础，浙江省成立教师进修学校，培训在职中等学校教师和教育行政干部以及开展中小学教研工作。翌年，浙江省教师进修学校与省小学、扫盲教师进修学校合并，组建成浙江省教师进修学院，分设进修部和教研部。同时，各专区分别成立教育干部学校。

# 建设杭州文教区

　　第一个五年计划期间，浙江省为了满足社会主义建设高潮对人才的需要，除了学习苏联教育经验改革教育教学，还在苏联专家的指导和帮助下，参照苏联城市建设的先进经验，设计规划了总面积达810公顷（810万平方米），差不多有一个半西湖那么大的文教区。该区以古荡区的中央地带为中心，东起松木场河，西到古荡区边界，北起余杭塘河，南到松岳路，分为教学区、活动区和住宅区3个区。靠近东面松木场河，即自玉泉山进入黄龙洞、老和山麓这一带是教学区，内部建筑包括各校的教学大楼、办公大楼、实习工厂、实验室和学生宿舍；丁家村、九莲村、古荡镇一带是住宅区，内部建筑主要为教职员工宿舍。文教区的中央地带为活动中心，内部建筑包括大型体育场、图书馆、科学馆、邮电机构、国营商店、大礼堂、公园等公共建筑。

杭州文教区剪影（《浙江日报》1954年10月24日第4版）

自 1953 年起，文教区有 12 个学校先后开工新建校舍，包括浙江大学、浙江师范学院、杭州水力发电学校、杭州化学工业学校、杭州工业学校、杭州商业学校、杭州师范学校、杭州幼儿师范学校、浙江省工农速成中学，以及中共浙江省委党校、青年团浙江省委团校和浙江省工会联合会干部学校。仅经过一年的建设，有些学校的建筑物已经落成，一批学生已搬进新校舍上课。浙江大学、杭州水力发电学校、杭州化学工业学校、杭州工业学校、杭州幼儿师范学校和中共浙江省委党校等 6 所学校，已兴建了占地约 7 万平方米的建筑物，包括 30 多座二至四层的各类大楼。到 1954 年 10 月，又有十几座建筑物相继兴建完成，满足了 6000 多名教师和学生上课与做实验的需求。

　　其中，浙江大学的新校址在老和山麓，校舍面积占地约 8600 万平方米，比该校在大学路的旧校舍要大 4 倍。在北端靠近余杭塘河的是杭州水力发电学校、杭州化学工业学校和杭州工业学校的新校址。到 1954 年 10 月，浙江大学的新校址已完工的有 5 座 3 层大楼，占地 2.2 万多平方米，共有大小房间 400 多间，可住学生 4000 多人。还有 2 座 4 层楼的电机大楼和机械大楼也在 1954 年内竣工。另外，10 月开工建造的第二机械大楼，其面积是已完成的第一机械大楼 1.5 倍，占地 1 万多平方米。这些建筑只是浙江大学的一部分，还有多层的办公大楼、大礼堂、体育场、游泳池、食堂等更多的建筑物都在第一个五年计划期内陆续完成。杭州水力发电学校里，二至四层的办公大楼、教学大楼、实习工厂、学生宿舍、家属住宅已完工。杭州化学工业学校和杭州工业学校大部分建筑物在 1953 年就已完成。杭州幼儿师范学校的 3 座 3 层的主要建筑也已全部完工。中共浙江省委党校的 3 座主要建筑楼已完成。浙江省工农速成中学建成了一座可容纳 1500 名学生的四层教学大楼和宿舍楼。杭州市政部门在这个文教区内修建了文一街、教二路、文三街等 3 条宽阔平坦的道路，种植了各类树木，铺上了绿茵茵的草坪，建成了幽美的公园。

　　经过两年的建设，一片长满荆棘和野草杂树的荒地，被红色和灰色的清水砖或混水砖砌成的、雕塑着具有民族特色图案的宫殿式建筑物改变了面貌，成了光线充足、环境幽美、空气新鲜、适合学习的好地方。

## 大事记

1954年　有重点地新建和扩建中学校舍28所，小学校舍14所，合计建筑面积6万余平方米。

1959年10月　为庆祝新中国成立十周年，《中学工作通讯》第19期刊登专文《灿烂辉煌的巨大成就——浙江教育的十年》，列举了十年来浙江省教育事业发展的成就，与新中国成立前浙江教育发展的最好年份1948年相比：高等学校增长了7.25倍，学生数增长了5.19倍；中等专业学校数和学生数均增长了1.85倍；普通中学校数增长了4.4倍，学生数增长了3.5倍；小学校数增长了一半左右，学生数增长了1.47倍；幼儿园入园幼儿数为1948年的503.7倍；工农教育、职业教育、少数民族教育、聋哑教育事业亦有较大发展。

# 农村掀起学习文化新高潮

为了提高广大农民的科学技术水平，培养农业技术人员，适应农业现代化的要求，全省各地都十分重视扫除文盲和业余教育工作，特

杭县北肇和乡扫除文盲工作获得了可喜成绩（《浙江日报》1955年12月16日第3版）

别是在反右倾、鼓干劲、厉行增产节约运动的带动下，农村掀起了"生产到哪里，学习到哪里""生产什么，学习什么"的学习文化新高潮。到1959年11月，全省农民入学人数已有220余万人。其中，兰溪、开化、青田等县的入学人数已超过青壮年应入学总人数的95%。

兰溪县在秋季生产十分紧张的情况下，仍大力开展多种形式的学习。岩山公社组建了大班、小组，采用了送字、蚕室、田

头、水库工地、记工、会前等学习形式。马润公社动员了2700多个中小学生参加送字上门活动，包教保学，全社415个操作组，有300多个组开展了田间学习，91个水库工地普遍建立了饭后一小时的学习制度。在小西湖水库的610个民工中，出现了"修水库闹翻天，书本挂腰间，书声琅琅响，歌声一片连"的新气象。洞阮生产队参加学习的297个青壮年，在紧张的生产运动中，做到白天参加生产，晚上学习文化，个个学员搞试验，种了5亩多的试验田，烧炭13787担（重量单位，50千克为1担）。鲍村民校在进行了"六种六不种"的活页教材教学后，种植的30多亩麦子均符合标准。

各地的扫除文盲和业余教育工作都紧密围绕社会主义教育运动和增产节约运动，开办业余政治、文化、技术学校，向群众进行社会主义教育，传授、推广农业生产的先进技术。在教学过程中，他们除了使用固定的课本外，还根据"做什么，学什么"的原则，编写了学以致用的补充教材，学了就用，边学边干，效果很好。如岩山公社以当地解放前后的对比为题材，编写了1200多课活页教材，印发了800多册给社员学习。其中，岩山大队编印的《今年的岩头》《下湖翻身记》《黄沙圩卖粮》等活页教材，大受群众欢迎。江山县的业余学校的学生在学习了补充教材后，结合当时的生产情况，开展了"大小麦条播好还是点播好"等问题的讨论，且学了就干，全队200多亩大小麦都实行条播，受到公社党委的表扬。同时，各地也重视对扫盲和业余教育工作落实情况的检查。如兰溪县城关公社安排了由中小学教师、业余学校教师组成的检查组，深入厂矿、生产队等77个单位进行检查工作。永昌公社通过类似的检查，3天内办起了18所

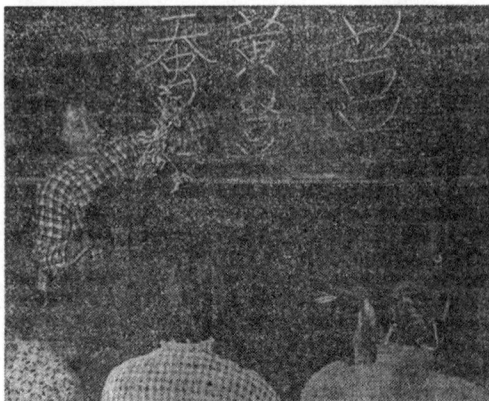

杭县北肇和乡第二村农民陈凤女，原来是个文盲，经过两年多的文化学习，现在已经识两千多个字，最近第二村民校邀请她当上民校教师。这是陈凤女正在民校里教课的情形（《浙江日报》1956年1月5日第3版）

民校，入学人数增加到了1080人。上华公社中吴大队通过检查和动员，使当地入学人数增加到了1249人，占青壮年总数的91%。在这一文化学习的高潮中，"讲政治，干劲高；懂技术，生产好；学文化，也抓牢"的农村及农民群体得以迅速扩大。

## 大事记

1955年3月15日至19日　浙江省教育厅、团省委联合召开农民教育工作会议。会议提出农民业余教育工作要适应农业合作化运动发展的需要，将业余文化的教育形式与生产组织形式结合起来；根据互助合作运动发展的不同情况，分批将冬学转为常年民校。

1956年12月24日至29日　中共浙江省委组织部、省文教部、省教育厅共同召开第一次全省干部文化教育工作会议。会议提出，1957年要基本扫除全省区级以上机关干部及乡级主要干部中的文盲、半文盲，组织不及初中毕业文化程度的干部7.7万人参加业余学习和离职文化学习。

1958年2月9日至12日　浙江省教育厅、团省委在诸暨县东溪乡韩家湾村召开全省扫盲先进代表会议，推广韩家湾村民校的扫盲经验。4月初，又在镇海县久丰纱厂召开全省职工文化教育先进单位代表会议。两个会议结束以后，在全省范围内掀起了扫盲运动高潮。

1959年4月20日至29日　全省教育工作会议在杭州举行，传达贯彻中央教育工作会议精神。会议确定，本年教育事业贯彻"巩固、提高、适当发展"的原则，同时讨论了高等学校贯彻执行教育方针和提高教育质量等问题。

# 中小学毕业生到农村去

到农村去（《光明日报》1960年8月16日第3版）

随着社会主义改造的基本完成，如何全面开展包括农业在内的社会主义建设，成为党和国家关注的重点问题。而当时农村有知识、有文化的人才相对缺乏，致使合作社的生产管理和先进生产技术的推广遇到很多困难，急需大批知识青年投入农村生产战线，为尽快巩固农业合作化、提高农业生产水平而奋斗。1955年8月，中共中央针对这一实际，一方面倡导知识青年回乡参加农业生产，另一方面提倡城镇未能升学就业的中小学毕业生到农村去，做新中国第一代有文化的新型农民，组成一支推动农村文化革命、技术革命的队伍，为建设社会主义、创造祖国美好的未来贡献自己的力量。

浙江省依据本省农业发展和中小学毕业生升学就业情况，积极教育和安排家在农村且不能升学的中小学毕业生参加农业生产；对于家在城镇的，鼓励他们通过亲友等关系到农业社去参加农业生产；对于愿意到农村去参加农业生产而又无关系可找的，由地方党、团组织和政府有关部门帮助解决到农村去的问题。同时，各地积极组织有关方面进行调查研究，摸清农业社的实际需要，研究解决学生下乡后的住宿、吃饭、入社基金、生活费以及劳动和学习需求等问题，并要求从城镇到农村去的学生必须思想成熟，家长同意，学生自愿，有吃苦的思想准备和愿意克服困难的决心。

永福农业中学的学生在农业实践中的景象（《浙江日报》1959 年 5 月 18 日第 3 版）

　　到 1957 年暑假，浙江省各地的中小学毕业生纷纷到农村参加农业生产，投身于伟大的社会主义农业建设，有的则参加了手工业或服务行业的劳动。江山县坛石公社就有 38 名高小毕业生到农村参加农业生产。其中的徐庆芝一到农村，就参加了六天六夜的车水抗旱。到暑假结束时，他得到了 320 多个工分。其他学生也根据农业社的需要，分别担任了读报员等职务。缙云中学高中毕业生黄寿贵和社员们一起烧出焦泥灰 140 多担，并夜以继日地参加车水抗旱，共得到 160 多个工分。黄寿贵由于劳动积极，受到社员的爱戴，被社员们一致选为社务管理委员会委员。

　　黄岩县海门、城关、路桥三镇根据具体情况，将本镇未能升学的 23 名高中毕业生介绍到民办初中、夜中等当教师，8 人到工厂做化验员，7 人学中医，4 人到电厂工作，4 人到手工业社工作；将 190 多名初中毕业生分别安排到了化工玻璃厂、手工业合作社、草席厂、畜牧场等；将 100 多名高小毕业生安排在毛笔、瓷器、雨伞等手工业合作社参加生产劳动。义乌县平畴乡应届初中毕业生吴美菊、吴七来、吴厚东等回乡参加生产后，正赶上自己的父母在反社会主义的煽动下退出了农业社。他们立即向父母说明合作化是摆脱贫困、走向富裕的唯一道路，然后协助干部，深入群众做思想动员工作，改变了他们父母这一代人的认知，促使他们又纷纷加入了农业社。另外，他们三人的劳动成绩也相当出色。吴七来在几天内就学会了放牛、割草。吴厚东从学校返家后，在18天内就得到了140个工分。绍兴市的中小学毕业生有3人去了农业社，5人去了手工业社。另有一部分学生通过亲友的关系找到了工作。如第一中学高中毕业生徐伟生，在他父亲的帮助下，进入工厂当了工人。第二中学初中毕业生寿炳文、李学湘加入了木匠和碾米工人的行列。

组织中小学毕业生到农村去参加体力劳动，特别是参加生产劳动，不仅解决了他们本身的就业问题，也是在适应和满足发展生产、建设国家的需要，更是一场深刻的思想革命运动。然而，由于1958年"大跃进"和人民公社化运动的兴起带来的经济过热，中小学毕业生到农村去逐渐进入低潮。

## 大事记

1954年4月25日　浙江省教育厅就高小、初中毕业生参加生产劳动和升学问题发出通知，要求各级政府和学校及时地、妥善地做好思想教育工作，组织教育行政人员及教师结合总路线精神，教育中小学毕业生为毕业后参加生产劳动做好准备。

1960年5月26日　中共中央批转《浙江大专学校三万多名师生下厂参加技术革命效果很好》的材料。中央批示指出，"学校、研究机关和工厂相结合，学生、研究人员和工人相结合，教育工作、研究工作和生产相结合，好处很大，不仅促进了技术革命，也促进了文化革命和思想革命"，"这种三结合，所有的高等学校、中等专业学校和科学研究机关都可以推行"。

# 贯彻"八字方针"

1958 年的教育"大跃进"及"大革命"在开启教育探索、积累教育改革经验的同时，也因较深的"左"的影响，加之缺乏经验，超越教育发展现实，难以避免地使新中国的教育走向了另一个极端，正常的教学秩序被打乱，教学质量明显下滑。特别是随之而来的连续几年的自然灾害和苏联单方面撕毁建设合同，使我们国家面临新中国成立以来最为严重的困难。面对这一形势，1961年1月，中共八届九中全会决定对国民经济、文化教育等方面实行"调整、巩固、充实、提高"八字方针，并在教育方面采取了全面贯彻落实知识分子政策，制定并试行大、中、小学"三个条例"（"高教六十条""中学五十条""小学四十条"，简称"三个条例"），扭转教育发展局势，使其重新走上健康发展的道路。

浙江省积极贯彻落实"八字方针"和相关政策，聚焦适当控制学校数量和提高教育教学质量两个方面，强调"以教学为中心"的学校教育观，对全省教育事业做出了卓有成效的调整。

其中，在控制学校数量方面：

一是停办了"大跃进"时期不顾条件、一哄而起创办的农村幼儿园（班），大量减少城镇街道幼儿园总数，1961 年当年就停办 17 167 所，全省仅剩 912 所。1962 年到 1965 年，缩减幼儿园数量工作继续进行。到 1965 年，全省幼儿园总数控制在了 593

所，低于1957年。在园幼儿人数略高于1957年的5.52万人。

二是动员小学生中的超龄学生参加农业生产。加上部分因经济困难辍学的学生，1961年在校小学生比上一年减少了23.27%。然而，从1962年开始，浙江省将"巩固提高，适当发展"作为小学教育工作的指导方针，1963年决定继续贯彻"两条腿走路"的办学方针，1962年至1965年的小学及在校小学生数量又有较大提升。到1965年，包括耕读小学在内，全省小学总数达到了94 093所，学龄儿童入学率提高到85.41%。

三是将质量差、条件差的民办中学和农业中学的全日制学习模式改为业余学习模式，不再招收超龄学生。1961年当年全省中学总数就减少到了775所，在校初中生和高中生分别比1960年减少了27.8%和30.1%。次年，继续调整中学教育。这一年中学数量减至726所，在校学生数量减至22.7万人。之后几年，中学数量基本稳定在1962年的规模，但在校生的数量有所增加。尤其是1964年下半年，浙江省开始推行两种教育制度，省内每县将一所全日制普通中学改为半工（农）半读普通中学，先后改了60所。到1965年，省内的全日制中学有617所，加上半工（农）半读的60所，中学总数稳定在了677所。

四是停办一批条件较差的高校，并本着毕业多少学生就招收多少学生的原则，减少招生数量。到1963年，省内高校削减至12所，较之1960年，学校总数减少了76%，在校生数减少近39%。1964年，遵照中共中央的指示，浙江省成立杭州英语专科学校，省内高校变为13所。

1961年，浙江省也对中等职业教育进行了大幅调整。比如，浙江省教育厅对在1958年以后新办的、条件差的中等技术学校进行停办，当年这类学校就减少至105所，第二年又减少至37所。在校学生数由1961年的3.23万人，减少至1962年的0.99万人，又减少至1963年的0.76万人。1964年至1965年，试行两种教育制度期间，在校生数稍有增长，但全日制中等专业学校总数依然在减少。1965年，全日制中等专业学校只保留了22所，在校生9707人。

在调整、整顿学校数量的同时，浙江省采取了一系列针对性强的措施贯彻中共中央批准试行的"高教六十条""中学五十条""小学四十条"，着力提高教学质量。比如，"高教六十条"一经发布，省委宣传部就组织各高校党政领导集中学习。在"中学五十条"和"小学四十条"发布两个月后，浙江省教育厅部署将其在35所完中（高中）、98所小学试行。再如，为了落实上述三个条例中"学校必须以教学为主、以课堂教学为基本形式，发挥教师在教学、科研中的主导作用"等要求，浙江省各级各类学校修订和调整专业设置和教学计划，高校减少专业数量，加强基本理论、基础知识和基本技能的教育；中小学减少学科数量，注重数学、语文、外语等工具性学科的教学，并强调学校要正确处理教学与生产劳动、政治学习的关系，保障学校的教学时间占比不能少于总教学时长的六分之五。

"八字方针"的贯彻使各级各类学校的布局重新立足新中国成立初期的实际需要，教育教学回归到正常的秩序，学校以教学为中心，教学以教师为主导、以"双基"为主要内容的教育教学观得以确立。

## 大事记

1961年2月1日至7日　浙江省教育厅召开全省中、小学教育改革试点工作座谈会，讨论教育改革试点工作情况和调整试点面的意见。贯彻"调整、巩固、充实、提高"方针，全省教改试点学校从1960年的141所中学、1700余所小学调减为原则上每县保留中、小学各一所。试验中小学十年制的学校以大体保持原十二年制学校的程度为原则。

1961年3月11日　中共浙江省委发出《关于安排当前教育工作的决定》，贯彻中央关于"调整、巩固、充实、提高"的方针：将50所大专学校调整为28所（实际调减至22所）；县办初级技术学校和初级师范学校停办；县城以上的中、小学和农村高中以及人民公社中心小学，仍实行全日制；农村初中保留一批质量、条件较好的学校为全日制，其余改为每年一半时间学习、一半时间回生产队劳动；农村小学实行半天学习、半天劳动；民办中学和农业中学改为业余学习。8月，省委又决定，高等学校由28所调减为20所，中等技术学校由123所调减为37所。

# 办好农村简易小学

1964 年 2 月 10 日，《浙江日报》发表题为《用革命精神积极办好农村简易小学》的社论，配发头版刊登的《缙云简易小学大受农民欢迎》一文，介绍缙云农村简易小学的办学背景与

由于简易小学的发展，缙云县学龄儿童的入学率达到了 81%（《浙江日报》1964 年 2 月 10 日第 1 版）

成就，推动各地积极采用这一形式办学。文章提到，缙云县大洋区地处海拔 1500 米的山区，村落小且高度分散，儿童上学极度困难，多数儿童需要跋涉 40 多千米才能到达学校。新中国成立初期，学龄儿童入学率在 20% 左右。到 1962 年，学龄儿童的入学率也仅是提高到了 54%。但自从 1963 年大力兴办半工（农）半读形式的简易小学后，该县的小学教育得到了突飞猛进的发展。仅用了一年的时间，儿童入学率就提高到了 90.7%，其中在简易小学就读的学生占到了该县小学生总数的 63%。

通过设立农村简易小学发展教育的做法，其实早在二十世纪

二三十年代就曾被中国共产党领导的革命根据地及之后的抗日根据地和解放战争时期的解放区广泛采用。1958年"大跃进"时期中小学教育的井喷发展多数也是采用了这一做法。但1961年"八字方针"对小学教育的调整和整顿，绝大多数针对的就是农村简易小学这类学校。而在两年后，这类学校重新得以举办，并得到认可和鼓励，其中的原因除了简易小学确实适应新中国初期的国民经济发展状况，还与时任中共中央副主席、国家主席刘少奇发展"两种教育制度"的指示非常相关。他提出的"半工半读既是劳动制度又是教育制度。两种劳动制度和两种教育制度是结合的。从当前看，既能够办学校，有希望普及教育，又能减轻国家和家庭负担；从长远看，能够培养新的人，培养既能从事脑力劳动又能从事体力劳动的人"的观点，再次统一了简易小学对于当时教育发展的重要性的认识。

1964年，全省农村小学教育工作座谈会对发展简易小学问题进行了研究，随后制定了《浙江省农村民办小学暂行管理办法（草案）》和《浙江省农村简易小学教学计划（草案）》，并编写了供这一类学校使用的语文和算术课本，指导和推进农村简易小学的发展。此后，农村简易小学得以大量开办。当年，全省就开办了18 440所，占全省小学总数的17.16%。次年，农村简易小学数量更是增加到了56 913所，129.14万人入学就读，占到了全省小学生总数的27.68%。与这类学校蓬勃发展相对应的是小学教育普及程度的提高，特别是为农村子女入学受教育提供了更为实际的条件。

与农村简易小学的发展一样，在"两种教育制度，两种劳动制度"的指示下，1964年至1965年的两年中，半工（农）半读的普通中学、中等职业学校、高等学校也大量开办。比如，从1964年下半年起，浙江省教育厅要求每县将一所全日制普通中学改为半工（农）半读普通中学，共计改设了60所。再如，1965年9月，浙江师范学院迁址到金华，改为半工半读师范学院。同时，为了推进和指导半工（农）半读学校的发展，1965年浙江省人民委员会和教育厅分别发布《关于举办半工半读、半农半读学校的几点通知》和《目前试办半工（农）半读中学工作几个问题的通知》，进一步重申"两种教育制度，两种劳动制度"的价值和意义，要求加强领导，以试点和样板，总结经验，积极推广。


## 大事记

　　**1964年3月16日至21日**　浙江省教育厅在杭州召开全省农村小学教育座谈会，贯彻全国教育厅、局长会议精神，积极发展小学，特别是发展农村简易小学，以解决贫下中农子女入学困难，并讨论了有关措施。4月，浙江省教育厅制定并颁布了《浙江省农村简易小学教学计划（草案）》。

　　**1965年6月7日至26日**　浙江省教育厅在杭州召开第一次全省农村半农半读教育会议，传达贯彻全国农村半农半读教育会议精神。会议提出，今后农村教育的任务：巩固、提高和发展耕读小学；将农业中学办成为农业生产培养各种初级技术人员和管理人员的初级技术学校；半农半读中等技术学校要逐步试行场校合一，实行生产自给。

# 减轻学生学业负担

对于减轻学生学业负担的问题，实际上早在1955年教育部就发出了《关于减轻中、小学学生过重负担的指示》，这是新中国成立以来第一个专门针对减轻学生学业负担的文件。这一文件首次正式提出了"课业负担"概念，还首次提出了一系列全面、具体且操作性强的减轻学业负担的措施。

桐乡二中课外兴趣小组的学生正在自制纱罩（《浙江日报》1959年7月18日第3版）

比如，它明确提出要遵守作息时间，保证学生的睡眠和休息，并对此做了明确规定。到1964年再次提出这一问题，主要是因为"三个条例"在1961年至1963年期间的贯彻实施，特别是"以教学为主"在各级各类学校的落实，纠正了"大跃进"对正常教育教学秩序的破坏，保障了教育教学质量的提升。但随之也导致了对应试教育的过度追求、对升学率的片面强调。牺牲学生课余时间和非升学考试课程的教学、加班加点进行密集的升学考试课程的教学等造成学生学业负担过重的问题越发突出。对此，毛泽东主席曾多次做出指示，批判应试教育，提倡推动实现学生各方面素质生动、活泼、主动地发展。比如，他指出"现在学校课程太多，学生压力太大。讲授又不甚得法"，"学制、课程、教学方法、考试方法都要改"，"学生要有娱乐、游泳、打球、课外自由阅读的时间"，"建议从一切活动总量中，砍掉三分之一"。

为了贯彻毛泽东的指示和解决当时教育教学存在的"课程多""压得太重"的应试教育过度的问题，1964年3月，浙江省教育厅下发《关于杭一中解决学生课业负担过重问题的初步意见的通报》，要求各级教育行政部门和学校重视学生课业负担过重的问题。同年4月，要求中小学领导干部和教职员工认真学习领会《人民日报》短评《调动学习的主动性》、《人民教育》社论《正确贯彻教育方针，减轻学生学习负担》等文章。5月，又下发《关于组织学习和贯彻执行中共中央、国务院转批教育部临时党组〈关于克服中小学学生负担过重现象和提高教学质量的报告〉的通知》。1965年，浙江省教育厅党组又向浙江省委提呈《关于坚决贯彻毛主席"克服学生活动过多负担过重"批示的报告》，从减少课程门类和总课时数、精简教学内容及降低其难度、改革教学及考试方法、加强体育健康教育等方面，对减轻学生学业负担做出具体规定。

与浙江省教育厅发布减轻学生学业负担系列政策同时，浙江省内各级各类学校开展了减轻学生学业负担的探索和实践。例如，在高等教育方面，浙江农业大学针对1965—1966学年第一学期的教学制定了《减轻学生负担暂行规定（草案）》（共十四条），其主要内容为：调整周学时数和课程门数，每周活动总量从64—68学时降低到54—58学时；周学时一般控制在22学时之内，上课与自修时间保证1∶1的比例；精选教学内容，精简烦琐的叙述，删去重复部分，把实际操作技术转到实验课现场教学中去；加强实验课，增加实验课的比重，精简不适用的实验，加强现场教学；改进教学方法，把实验内容和课堂内容联系起来。

在中小学教育方面，响应"废除注入式，提倡启发式"的指示，强调教师吃透教学大纲、教材及其教学重点难点和学情，做到每一节课的教学"心中有数""目中有人"，探索出"懂、会、熟"（杭州第七中学对教师的教学要求）、"讲准、讲对、教懂、教会"（金华第一中学对教师的教学要求）和抓教学思想、抓授课计划、抓备课活动、抓复习辅导、抓教学效果检查、抓优秀经验推广的"六抓"（金华第二中学对教师的教学要求）等教学模式和经验。

另外，在减轻学生学业负担的过程中，也注意到要加强体育卫生健康教育。比如，增加眼保健操活动，规定初中生的睡眠时间不少于9小时、高中生的睡眠时间不少于8小时，等等。

## 大事记

1964年4月至5月　浙江省教育厅发文通知各地贯彻执行《中共中央、国务院批转教育部临时党组〈关于克服中小学学生负担过重现象和提高教学质量的报告〉的通知》。

1965年7月3日　毛泽东在看了《北京师范学院一个班学生生活过度紧张，健康状况下降》这份材料后，给中共中央宣传部部长陆定一写了一封信。信中说："学生负担太重，影响健康，学了也无用。建议从一切活动总量中，砍掉三分之一。"

1965年11月25日至12月10日　浙江省教育厅在杭州召开全省教育工作会议，要求各级教育部门和学校领导改进工作方法和工作作风，切实减轻学生负担，保证学生在学习、工作、娱乐、体育、休息几方面得到兼顾。

# 钱三强到浙江大学任校长

1979 年 4 月 19 日，我国著名核物理学家、中国科学院副院长钱三强到浙江大学任校长。他一到校就深入各系调查了解教学和科研情况，要求全校教职工发扬浙江大学"求是"传统，加强基础课的教学，同时努力创新，赶超世界先进水平。钱三强校长的到来及其对教学科研的重视恰是粉碎"四人帮"后我国工作重点转变的反映，也是对前一年全国科学大会发出的"树雄心，立壮志，向科学技术现代化进军"号召的响应。

## 浙大校长钱三强到校任职

【本报讯】我国著名核物理学家、中国科学院副院长、浙江大学校长钱三强同志最近来浙江大学任职。

钱三强同志是四月十九日从北京到达杭州的。连日来，钱三强同志召开了有各方面人员参加的许多座谈会，对大家所关心的问题进行了广泛的座谈讨论，并在全校师生员工大会上作了重要讲话。

钱三强同志在讲话中谈到，浙江大学是一所有八十多年历史的学校，它的某些工科专业在全国是有一定成就的。浙江大学在

归属中国科学院和浙江省委双重领导后，仍然应该按照以工为主、理工结合的方向发展下去。浙江大学要保持和发展自己的特色，更好地为四个现代化服务。

钱三强同志还向全校师生员工报告了形势。他要求师生们响应华国锋同志为首的党中央的号召，坚持四项基本原则，向又红又专的方向前进。他还强调要发扬浙大的"求是"传统，加强基础课的教学，同时要努力创新，赶超世界先进水平。他希望全校师生员工共同努力，把浙江大学这所很有发展前途的学校办得更好。

中国科学院副院长、浙江大学校长钱三强（左三）和校党委书记刘丹（左四）一起深入各系调查了解教学及科研情况。　本报记者　袁善德摄

浙大校长钱三强到校任职的报道（《浙江日报》1979 年 4 月 29 日第 1 版）

1978 年 3 月 18 日至 31 日在北京人民大会堂召开的全国科学大会是在粉碎"四人帮"之后，国家百废待兴的形势下召开的

一次规模空前的盛会。在5586名代表参加的大会开幕式上，中共中央、国务院针对"四人帮"对科学技术发展的干扰破坏拨乱反正，有破有立，透彻地阐释了科学是不是生产力、脑力劳动者是不是劳动人民的一部分、对红与专怎样理解与要求、对知识分子队伍如何估计等一系列重大问题，从根本上表明了发展社会主义科学事业的路线、方针、政策和方法。邓小平在这次大会中明确指出"现代化的关键是科学技术现代化"，"知识分子是工人阶级的一部分"，重申了"科学技术是第一生产力"这一马克思主义基本观点，澄清了长期束缚科学技术发展的重大理论是非问题，打破了"文化大革命"以来长期禁锢知识分子的桎梏，迎来了"科学的春天"。

1978年4月6日在浙江省体育馆召开大会，欢迎出席全国科学大会的浙江省113名代表的顺利归来。大会举行了隆重的授奖仪式，向全省24个先进集体、13个先进个人、261项优秀科技成果的完成单位和个人分别授予全国科学大会颁发的印有"树雄心，立壮志，向科学技术现代化进军"的奖状。

陈伟达同志在会上做全国科学大会精神的汇报（《浙江日报》1978年4月7日第1版）

出席全国科学大会的代表带回了"科学的春天"。在欢迎大会上，出席全国科学大会的浙江代表团团长、浙江省委书记陈伟达传达完全国科学大会的精神之后，就全省科技工作提出了七方面的要求：一是工作重点和工作作风要有相应的转变，切实加强党对科学技术的领导。二是要迅速掀起大宣传、大学习、大贯彻的热潮，大造声势，使全国科学大会精神家喻户晓，深入人心。三是要把科技战线上揭批"四人帮"的斗争进行到底。四是要抓紧整顿各级科技部门，关键是整顿和建设好领导班子。五是要认真制订好各地区、各行业的科技规划。六是要建设一支工人阶级的宏大的又红又专的科学技术队伍。七是要切实转变作风，讲究实际效果，反对说空话、说大话，扎扎实实，埋头苦干，迅速把科学技术工作搞上去。

在"科学的春天"里，高校科研工作重新走上了健康发展的道路。旨在推动科研工作的诸如高校文科科研工作会议、自然科学发展规划制订等陆续展开。浙江省内高校从事科研工作的人数和承担科研课题的数量都有明显的增加。到1984年，浙江省内高校的研究室从1978年的17个增加到了85个。仅杭州大学一所学校就在中国古典文献、敦煌学、宋史等文科学科方面建立了10个研究机构。1979年3月召开的浙江省科学大会评选出的省优秀科技成果奖中，高校获得的一、二等奖数量占到了这两个等级奖项设置总数的31.5%。1984年省社会科学优秀成果奖中，高校获奖57项，占总获奖数的46%。

在这些获奖成果及开展的研究项目中，既有基础理论方面的研究，如获得美国工业卫生协会"扬特奖"的浙江医科大学"农药毒理研究"，制定出了24种农药在16种农作物上的69项安全使用标准，浙江农业大学的《农药安全使用标准研究》由农牧渔业部颁发全国执行等；也有基于教学、科研、生产（推广）一体化的应用方面的研究，如浙江大学、浙江农业大学、浙江工学院、杭州商学院等高校与省内外一些地区和生产单位建立教学、科学和生产（推广）的三结合联合体，开展科研攻关，解决实际问题，取得了显著的社会效益和经济效益。1984年浙江大学获得国家发明奖的6项中有4项是与合作单

浙江大学电机系讲师汪槱生，长期从事可控硅中频电源的研究工作，先后完成了多种频率和功率的电源装置，为发展中频电源提供了新的途径。这是汪槱生和科研人员正在调试可控硅电源的情景（《浙江日报》1978年4月23日第3版）

位一起完成的。该校研发的"新型薄内筒扁平绕带高压容器"的设计被应用于全国化工厂、重型机械厂，累计创利 1.5 亿元以上。浙江农业大学 131 项获奖的科研成果中有 60% 以上在生产中得以应用。

## 大事记

1977年8月12日至18日　中国共产党第十一次全国代表大会在北京举行。大会宣布"文化大革命"结束，我国社会主义革命和社会主义建设进入新时期。

1978年　遵照中共中央和中共浙江省委的统一部署，开始平反反右派运动中的冤假错案，对在历次政治运动中受到错误处理的学校干部、教师予以改正，恢复名誉。

1978年1月11日　浙江省革命委员会批转省教育厅《关于健全农村中小学领导管理体制的决定》，规定县教育局在中共县委、县革命委员会领导下，对全县中小学实行统一领导和管理；中小学实行中共党支部领导下的校长分工负责制。

1978年1月16日至24日　浙江省教育厅在东阳县召开全省中小学师资培训工作座谈会，对中小学在职教师的培训、公办与民办教师的管理、调整中小学网点布局、办好重点学校、抓好师范教育等问题进行了讨论，并对调整、整顿普通高中和初中提出意见。会后，省、地、县、社四级陆续建立师资培训机构，并恢复市、地、县教研室。

1978年7月8日　中共浙江省委宣传部举办全省高等学校马列主义理论课教师备课会，传达全国理论与实践问题讨论会的精神，讨论了"实践是检验真理的唯一标准"的问题。

1978年8月14日　根据国务院批转教育部《关于高等学校恢复和提升教师职务问题的请示报告》精神，浙江省革命委员会批准本省高等学校提升281名教授、副教授、副研究员，于是日举行授职大会。

1979年7月5日　浙江省教育系统的84名先进个人代表、14个先进集体出席浙江省职工劳动模范和先进生产（工作）者代表大会，其中12人被授予省级劳动模范称号，3个先进集体被评为省级劳动模范集体。

1979年7月18日　浙江省科协、省体委、团省委、省教育厅联合举行青少年科技作品授奖大会，同时举办青少年科技作品展览会，展出优秀作品314件。

# 少年科学院的春天

前面提到，1955 年，交口小学的 10 多名学生组织了一个科学实验小组，种出了盘似脸盆、籽像蚕豆的大向日葵，并在全国少年儿童科学技术和工艺作品展览会上展出。科学实验小组的代表陈其坤还受到了周恩来总理的接见。周总理鼓励他"回去一定要把向日葵种得一年比一年好"。周总理的嘱咐极大地鼓舞了交口小学的师生，学校的科学实验活动更加广泛地开展起来，并于 1958 年在科学实验小组的基础上成立了交口少年科学院。1961 年，周总理来浙江视察的时候还专门指示省委负责同志"一定要把交口少年科学院这朵鲜花培育得更好"。少年科学院的学生没有辜负周总理的关怀和期望，取得了 130 多种科学种植试验成果。其中就有直径达到 45 厘米的大向日葵、13 个头的多穗小麦、67 个穗的分蘖大麦、32 个苞的多苞玉米、48 天成熟的早熟高粱、28 斤多重的大笋瓜等。特别是培育出来的"交院十一号"杂交水稻，适合山区种植，在当地推广后，亩产比一般水稻品种高一二百斤，受到老百姓的欢迎。学生们在科学实验中既收获了成果和奖励，也培养了自己爱科学、学科学、用科学的良好习惯。

然而，在"文化大革命"期间，交口少年科学院被"四人帮"扣上了"培养修正主义苗子的温床""复辟资本主义的基地""反对毛主席教育路线的据点"等 5 顶莫须有的大帽子，惨遭灾难性的破坏。

粉碎"四人帮"后，特别是在"向科学技术现代化进军"口号的鼓舞下，中小学生的课外活动重新受到重视。1980年11月召开的浙江省教研室工作会议，强调要"在狠抓提高课堂教学效率的同时，积极开展课外兴趣小组和科技活动，举办各种科技讲座，使学生开阔视野，

镇海中学地震测报组学生正在观测记录仪表变化情况，搞好地震预测预报（《浙江日报》1978年7月13日第3版）

扩大知识面"。交口少年科学院在1978年3月5日正式恢复之后，边学边干，进行了小麦高产、向日葵种植、马铃薯接番茄、溪沟树接山核桃树、玉米杂交等试验。

其他学校也在交口少年科学院的影响下积极开展丰富多彩的课外活动。如象山县丹城第一小学在"文化大革命"结束后到1983年共计组织了187个课外兴趣小组，举办了7次学生科技作品展览，展出作品5000多件。其中有40余件作品在省市展出，18件获得市优秀奖，7件被选送参加省青少年科技创新大赛。同时，学校及教育行政部门积极举办如"天文夏令营""气象夏令营""航海夏令营"等多种多样的科技夏

暑假期间，杭州市少年宫航模小组的小朋友在制作飞机模型（《浙江日报》1979年8月7日第3版）

令营。其中，1982年和1983年暑假期间，浙江省教育厅分批组织了全省重点中学物理、生物、地理3科的课外科技活动指导教师夏令营，交流开展课外科技活动的经验，并邀请专家进行科技制作活动实践，共计培训了240多名课外科技活动指导教师。据统计，1983年全省重点中学经常参加课外活动的学生人数占学生总人数的三分之一以上。

## 大事记

1980年2月13日　中共浙江省委第一书记铁瑛在省委、省人民政府召开的科技、高教、卫生、体育界知识分子迎春茶话会上，提出做好知识分子工作的几项措施：充分发挥专家、教授的作用，用其所长；培养中青年骨干，发掘人才；搞好技术、学术职称的评定和晋升；改善工作和生活条件；解决历史遗留问题；学习马列主义、毛泽东思想，又红又专。

1981年7月　浙江省人民政府拨款150万元，用于建造青少年活动场所、添置活动器具等。

1983年1月29日　中共浙江省委成立科技、教育领导小组，省委副书记薛驹兼任组长。

# 全心全意依靠知识分子办学

　　1979 年 12 月，《浙江日报》刊发中共绍兴县委署名的《"红卫小学事件"是推行"两个估计"的黑典型》文章，揭露"四人帮"将绍兴县城关镇红卫小学一名学生在考试后自杀死亡的事件认定为"修正主义教育路线复辟回潮"的典型，是在恶意打击教师队伍、破坏教育事业。随之，推翻"两个估计"，实现教育战线的拨乱反正，改正教育战线的冤假错案，为在"文化大革命"中遭受迫害的教师、干部恢复名誉，全面落实知识分子政策，倡导尊师重教，全心全意依靠知识分子办学在粉碎"四人帮"之后的浙江全面展开。

关于浙江省提升三百多名教授、副教授的报道（《浙江日报》1981 年 8 月 9 日第 1 版）

　　在粉碎"四人帮"后的两三年中，全省数以万计的教育工作者得以恢复名誉，重新走上教育岗位。教育工作者的政治地位和

落实党的政策调动了广大知识分子的积极性。这是浙江农业大学陈锡臣教授在认真向农学系新生介绍油菜培育情况的情景（《浙江日报》1978年4月13日第3版）

社会地位得以提高，待遇和生活条件得以改善。其中，浙江大学在教育战线拨乱反正、全面落实知识分子政策、倡导尊师重教的新形势下，在为"文化大革命"中遭受迫害的教育工作者逐个恢复名誉的基础上，充分信任并提拔他们担任各级领导职务。11位校党委常委中7位有本科学历（2位是教授一级高级知识分子）。学校主要部、处负责人的职务大部分由知识分子担任。各系总支部负责人有一半左右是知识分子，各系正、副主任全是高级知识分子。党委还吸收了一批在群众中威望较高、业务能力较强的知识分子组成学术委员会和教学委员会，参加学校管理。全校130多个教研室、研究室、实验室的300多名正、副主任，都由业务基础好、受群众信任的知识分子担任。同时，学校将提高广大知识分子的业务水平和管理能力放在重要地位。推荐部分教师出国学习考察，开阔视野，提升业务能力。实行量材晋升制度，解决教师职称晋升问题。自1978年恢复高校教师职称评定制度的一年来，学校提升正、副教授95名，讲师658名。

另外，学校狠抓后勤基建工作，改善教职工的工作环境和生活条件。一是改变"文化大革命"期间学校400多户教职工家庭和400多名单身教职工居住学生宿舍，多数老教授、讲师住房十分拥挤的状况。1978年全年完成基建投入200多万元，建筑面积近3万平方米，等于粉碎"四人帮"前11年土建的总和。在住房分配过程中，打破以往大锅饭、一刀切的平均主义倾向，优先解决教授等高级知识分子的住房问题。仅1979年一年就先后解决了300多名知识分子的住房问题。二是学校后勤部门积极办好教工食堂，并和工会一起联合商业部门，扩建肉店、菜场、饭店，创造各种条件，逐步使知识分子从繁杂的家务琐事里解放出来。

1980年2月，浙江省委、省人民政府举行的中小学教育工作者茶话会，把发挥教育在"四化"（工业现代化、农业现代化、国防现代化、科学技术现代化）中的作用，恢复和提高教师社会地位作为核心议题。到这一年，省人民政府先后两次批准了29名中小学特级教师，先进教师、优秀教育工作者、模范班主任等荣誉的评选表彰工作也陆续展开。


## 大事记

1979年12月5日　浙江省人民政府批准程宝佩等7名教师为本省首批中小学特级教师。

1979年12月28日　国务院举行嘉奖全国先进单位和全国劳动模范的第二次授奖仪式，浙江省有2名教师被授予全国劳动模范称号。

1980年4月8日　浙江省教育厅发出《关于评选一批特级教师、模范教师、模范班主任、模范教育工作者和先进集体的通知》，评选对象包括中小学、聋哑学校、中等师范学校、教师进修学校、教学研究机构、幼儿园的教师以及职员、工人。

1981年　根据国务院的决定，调整部分中小学教职工工资。全省中小学、幼儿园教职工调升一级工资的占教职工总人数的88.08%，调升两级工资的占升级人数的9.75%。在编中小学民办教师，全年人均增加国家补贴费50元。高等学校部分教职工的工资亦进行了调整，调升一级工资的占教职工总人数的84.3%，调升两级工资的占升级人数的28.4%。

1983年12月16日　浙江省教育厅、省总工会、省妇联联合发出通知，向连续、直接从事儿童少年教育工作满25年的全省教师（包括初中、小学、幼儿园在职教师）颁发1983年5月17日全国先进儿童工作者和儿童少年先进集体表彰大会上全国儿童少年工作协调委员会颁发的"园丁荣誉纪念章"。

# 发展农村教育的诸暨经验

　　1980 年前后，诸暨县不仅普及了小学教育，而且基本普及了初中教育。该县学龄儿童入学率达到 99.56%，其中，92.3% 接受完五年教育。在 1980 年 4 月由浙江省教育厅组织 18 个县对诸暨县两所学校进行的教育质量检查中，该县牌头公社中心学校五年级的 62 名学生语文及格率为 95.1%，算术及格率为 82.2%，两科都及格的占 79%。1973 年到 1979 年，小学毕业升入中学的人数占这期间小学毕业生总数的 97% 以上，其中读完初中的占 78%。

　　"生产不抓荒一年，教育不抓荒一代"，这是中共诸暨县委书记石永良 1979 年在浙江省委召开的工作会议上谈的体会。该县作为一个以产粮为主的县，在发展农业生产的同时，对要不要抓好教育也曾有过犹豫。县委有的同志认为"不抓生产田地荒一片，不抓教育损失看不见"，甚至认为不办教育，不学文化，生产照样可以搞上去，不重视抓教育工作。但实践却不断地给人以教训：全县多数社队建了沼气池，但由于缺乏专业技术人员，群众文化程度不高，不懂得沼气的科学道理，沼气的利用率只有 30% 左右，还出现过多次死亡事故。错用农药，错施化肥，错下种子，触电死亡等事故更是时有发生。这一个个事实使县委领导班子认识到：教育事业的发展与社会生产力的发展有着密切的联系，要用战略眼光来认识教育事业在实现农业现代化中的重要地位和作用。

　　特别是党的十一届三中全会后，诸暨县工农业生产发展很快。人民群众送子女上学的条件更为具备，愿望更为迫切。县委领导决定亲自动手抓教育工作：一是从组织上保证党对教育工作的领导，县委明确分工，由一名副书记和一名常委分管教育工作，各区、社、大队也都有一名副书记或者委员分管教育。凡涉及教育方面的重大问题，都由党委集体研究决定。带头动员已调到机关和其他部门工作的教师回到教育岗位，全部清退占用或借用的校舍。二是充分调动地方和社队集体办学积极性，每年拨出30%左右的县地方机动财力用于增加教育经费。在诸暨县，一幢幢崭新的中小学校舍建成了，教室宽敞明亮，校内绿树成荫，还有运动场。三是落实民办教师经济政策，并主动给其工作补贴。诸暨县的教师中，民办教师占一半以上，粉碎"四人帮"以前，民办教师生活极为困难。1978年5月，县委做出落实民办教师经济政策的决定。各公社根据县委的决定给民办教师评定了基本工资。当时，全县民办教师的月基本工资平均达到了28.73元。县委还规定，民办教师和公办教师一样享受寒暑假，工资照发。1979年全县78个公社有30个公社给民办教师增加了工资，增加的幅度是3～5元，公社民办教师的月基本工资平均已达33元，加上各种补贴，实际平均收入为42.5元。1980年县委决定给每个民办教师发30元奖金，公社也要拨款给每个民办教师增发13元奖金，加上这笔收入，民办教师的实际收入，平均每月达到46元，最高的可拿到60.3元，最低的也能拿到40.3元。

诸暨县全部退还被占用校舍（《人民日报》1979年6月13日第4版）

另外，诸暨县注重师资队伍的建设。1978年以来，他们除选送一部分教师到省、地、县的教师进修学校学习外，还举办了物理、化学、外语、小学语文、小学算术的培训班，以民办教师为主，脱产学习半年，先后培训了350人。另有482人不脱产在电视大学上单科班，有1600人参加县里的函授学习。同时建立了县、区、公社、学校四级教学研究网，利用假期时间统一备课和进修，专人辅导。平时经常开展观摩教学，交流经验或进行专题研究。

诸暨县农村教育的大发展，使全县工人、农民的文化程度有了显著提高。1980年文化普查结果显示，全县少、青、壮年非文盲人数占总人数的88.5%。其中高小文化程度的占41.9%，初中文化程度的占35.4%，高中文化程度的占8%，达到了国务院规定的基本无盲县的要求。招生制度改革以来，全县为高校输送1372人，为中专学校输送1704人。

## 大事记

**1979年1月**　浙江省工农业余教育委员会成立，统筹领导全省的工农业余教育工作。各县（市）也先后成立县（市）工农教育委员会。省革命委员会下达《关于贯彻国务院〈关于扫除文盲的指示〉的通知》，提出抓好扫盲工作"一堵（堵住新文盲产生的漏洞）、二扫（扫除农村少、青、壮年中的文盲）、三提高（组织脱盲人员继续学习）"的工作方针。

**1983年3月18日**　浙江省教育厅、财政厅共同下拨中小学危房修理补助经费，要求各县（市）人民政府把解决中小学危房问题作为一项重要工作纳入议事日程，争取在一两年内做到"校校无危房，班班有教室，学生人人有课桌凳"。

**1983年3月19日**　浙江省教育厅下发《浙江省农村扫盲验收试行办法》，对扫除文盲的标准和扫盲验收的批准权限等做了规定。

# 远学桃江，近学诸暨

在 1980 年 1 月召开的浙江省委工作会议上，李丰平省长要求"要'远学桃江，近学诸暨'，下决心把教育事业抓上去"。湖南省桃江县和浙江省诸暨县在"文化大革命"结束后的两三年中，农村教育就有了非常明显的发展，取得了优异的成绩。前者学龄儿童入学率长期保持在 98% 以上，巩固率为 96%；后者小学普及率一直保持在 95% 以上，小学升初中的人数也在 90% 以上，升入高中、步入大学的人数也在逐渐增加。

两县取得这一优异成绩的背后，从小的方面说，得益于两县的各级领导在实际上而不是仅在嘴上对教育的重视，像抓经济建设那样去抓教育。他们千方百计筹集资金发展教育，实事求是、开拓思路，按教育规律办教育，积极推广自己摸索出的如"三个教育"一起抓、培植典型、以点带面等教育发展经验。从大的方面说，教育发展战略地位的确立为两县的教育改革和发展起到了极大的支撑作用。粉碎"四人帮"后，邓小平特地把教育的地位提升到了前所未有的战略高度。他指出："我们要实现现代化，关键是科学技术要能上去。发展科学技术，不抓教育不行。"只有从科学和教育着手，我们国家才能赶上世界先进水平。

浙江省委工作会议提出教育事业要"远学桃江，近学诸暨"就是对邓小平远见卓识的落实，特别是党的十二大明确将教育列为经济发展的战略重点之一后，浙江省提出了"经济要发展，教育须先行"的口号，教育工作被列入省委、省人民政府的重要议事日程，抓好教育发展成为各级政府的重要职责。"远学桃江，近学诸暨"不仅是要学习两县教育发展的经验，而且更为重要的是释放出了浙江省积极主动贯彻教育战略地位，重视教育、集中力量发展教育的信号和态度。

作为对教育战略地位的落实，浙江省各级政府和教育管理部门一是制订分类普及小学教育的规划。1981年5月，全省教育工作会议着重研究贯彻中共中央、国务院《关于普及小学教育若干问题的决定》，提出实行分类普及的规划。具体是将全省69个县（市）分成四类：第一类17个县（市），在继续提高普及程度的基础上，重点抓教育质量；第二类31个县（市），重点巩固小学毕业率，同时努力提高教育质量，要求在1985年前实现基本普及；第三类14个县，要求重点做好"流生"工作，争取在1987年前实现基本普及；第四类7个县，要求根据实际情况积极改进工作，争取在1990年达到基本普及的标准。

二是继续贯彻"两条腿走路"的方针，发动厂矿企业、农村社队和个人集资改善办学条件。1983年11月，省人民政府颁发的《关于地方财力用于教育事业和集资办学的若干规定》指出："市（地）、县的机动财力中，用于教育事业的经费，一般不低于10%；厂矿企业办学，可以单独办学、联合办

关于李丰平同志提出的发展浙江省农村教育事业的四点意见的报道（《浙江日报》1980年2月22日第1版）

学或资助地方办学，解决职工子弟入学问题；农村企、事业单位，其职工子弟在当地社队中小学入学的，应按入学人数合理分担办学经费；农村社队中小学校所需的办学经费，可由乡、村（社、队）统筹，采取义务劳动、社队企业上缴利润提成、集体提留等办法解决，以及鼓励群众自筹资金办学……"

三是增加财政投入。对教育重视的最为直接的表现就是在资金投入上向教育事业倾斜。在教育经费投入方面，浙江省1976年至1983年8年间的投入相当于1950年至1975年26年间的投入总数。其中，1983年全省的教育经费比1977年增长了132.86%。在教育的基建投入方面，浙江省1976年至1983年8年间的投入接近1952年至1975年24年间的投入总数。在教学仪器设备投入方面，浙江省1978年至1983年6年间的投入高于1950年至1977年28年间的投入总数。

正是对教育的重视，全省小学教育普及工作取得了丰硕的成果。到1983年，全省学龄儿童入学率达到了97.41%，在校生的年巩固率达到97.5%，毕业班学生的毕业率达到94.7%，其中，12—15周岁少年儿童的初等教育普及率达到85%。到1984年，全省中小学危房占比已从1978年的14.56%降到4.9%。有些地方的危房占比更低。如杭州、嘉兴、绍兴三市的26个县、区已下降到3.2%以下；余姚、临安、岱山、义乌、桐乡、德清等县基本实现了"校校无危房，班班有教室，学生人人有课桌凳"。

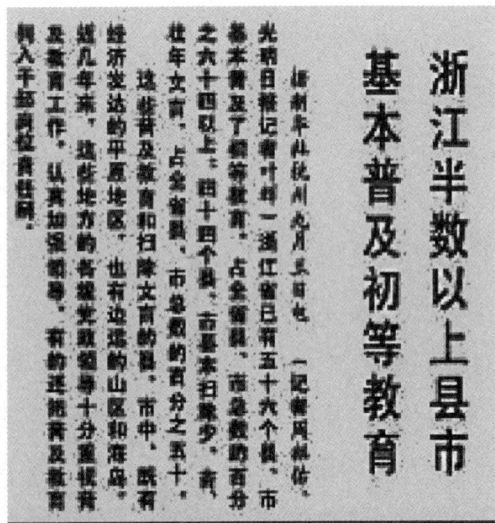

关于浙江半数以上县市基本普及初等教育的报道（《人民日报》1985年9月5日第1版）

# 大事记

1980年1月　中共浙江省委召开省委工作会议，把抓好普及小学教育工作列为重要议题之一。会议学习了中共中央批转的湖南省桃江县委《关于发展农村教育事业情况的报告》，结合本省诸暨等县率先基本普及小学教育的经验，提出了"远学桃江，近学诸暨"的口号，制定了全省分期分批普及初等教育的规划。

1981年6月14日至21日　中共浙江省委、省人民政府召开全省教育工作会议，研究、贯彻中共中央、国务院《关于普及小学教育若干问题的决定》，提出本省力争在1990年实现基本普及小学教育。

1983年3月18日　浙江省教育厅、省财政厅共同下拨中小学危房修理补助经费，要求各县（市）人民政府把解决中小学危房问题作为一项重要工作纳入议事日程，争取在一两年内做到"校校无危房，班班有教室，学生人人有课桌凳"。

1983年10月28日至11月3日　中共浙江省委、省人民政府召开全省普通教育工作会议，传达贯彻全国普通教育工作会议精神，研究本省加速普及初等教育、改革中等教育结构、发展职业技术教育、加强中小学师资队伍建设、依靠社会各方面力量集资办学的措施。

# 不登讲台的园丁

　　"两条腿走路"，依靠群众办学是浙江省发展农村教育的优良传统。党的十一届三中全会之后，这一传统得到了新的发展。其中，临安县成立了由大队干部、群众办学积极分子和教师代表组成的学校管理委员会（群众称之为"校管会"），义务协助教育部门和公社、大队筹集并合理使用办学资金，改善办学条件的做法成效明显，被群众称为"不登讲台的园丁"。1982年，该县小学基本实现了"校校无危房，班班有教室，学生人人有课桌凳"，成为浙江省中小学危房修理和校舍建设的一个典范。1983年底，在浙江省教育厅检查验收普及初等教育工作中，临安县获得了98.95%的学龄儿童入学率，99.4%的在校生当年巩固率，99.64%的毕业班学生毕业率。其中，在该县12—15岁少年中，小学毕业普及率达到了96.47%，非文盲率达到了98%。这些指标都达到了教育部规定的普及初等教育的基本要求，使该县的普及小学教育工作走在了全省前列。

　　临安县地处天目山区，山地占全县总面积的86%，地广人稀，农民居住分散，二十世纪五六十年代，有70%的校舍是祠堂庙宇，危房占校舍总面积的一半。党的十一届三中全会之后，随着农村经济的发展，临安县广大农民希望自己子女学习科学文化的要求越来越强烈，迫切要求普及教育，改变农村小学办学条件差、教育质量低的状况，集资办学的积极性很高。对此，临安县采用"国家补助一点，群众负担一点，勤工俭学解决一点"的办法，县、区直属学校，修建经费主要由国家拨给，勤工俭学收入作为补充；公社中学和中心学校，以公社自筹为主，国家补助为辅；大队小学以社、队自筹为主，国家酌情补助。其中，为了调动群众办学的积极性，筹集、管理和合理使用群众办学的资金，打消群众对于出了钱用不好，校舍不久就又坏，又得重来的担心，1979年上半年，有些社、队的农民在党组织的支持下成立了校管会，承担合理使用办学资金的管理和监管工作。有了校管会，这些社、队的小学校舍很快就面貌一新，教育质量显著提高。由此，校管会这种形式就在全县逐渐流传开了。

在校管会的协助下，1979年到1983年的5年间，全县群众共集资113.8万元，主要用来修建校舍和添置课桌凳。1983年，全县小学基本上实现了"校校无危房，班班有教室，学生人人有课桌凳"，校舍建筑合理，质量好；为全县2000名教师解决了住房问题，添置了办公用具。校管会还协助督促社、队提高教师待遇。1982年以来，全县民办教师每月工资超过了33元，并且免交公积金和公益金，也不承担义务工，教师的收入大都超过一般社员，从而积极性大大提高。

关于嘉兴地区集资举办各种托幼园所的报道（《浙江日报》1982年11月28日第3版）

另外，校管会还关心学生的学习和成长。每学期开始前，校管会成员不厌其烦地挨家挨户访问，向农民宣传文化科学的重要性，动员家长及时送子

女上学。校管会还向家庭困难的学生提供生活和学习用品，为路远的学生解决住宿和热饭问题，使学生尤其是女学生的流失率大大下降。校管会还把学校、学生家庭和社会紧密联系起来，协调一致，共同做好对学生的思想教育，使他们健康成长。校管会还解决了一些社、队多年不能解决的办学问题。比如，杨岭公社金岫完小是由3个生产大队联办的，以前没有统一的办学组织，3个队意见不一，致使校舍破旧无人修，经费短缺无人管，民办教师工资不落实。1979年,3个队联合成立了校管会，负责人由3个队的党支部书记轮流当，上述问题很快得到了解决。

1983年11月，浙江省人民政府颁发了《关于地方财力用于教育事业和集资办学的若干规定》，进一步促进了依靠群众办学的发展。1983—1984年度，全省用于办学的集资费用达到了5531.1万元，占当年度普教经费决算总额的13.6%。其中，嘉兴市、海宁市、湖州市等多个市的集资金额都达到了200万元以上。

## 大事记

1980年7月12日至15日　浙江省教育厅、财政厅联合在萧山县召开全省勤工俭学经验交流会。会前，浙江省人民政府批转省教育厅、财政厅《关于开展学校勤工俭学活动若干问题的意见（试行草案）》，要求各地试行。

# 岱山县的尊师重教

20世纪80年代，岱山县是浙江省12个贫困县之一，但自1984年初新的领导班子上任以来，全县教育面貌大变，受到了浙江省乃至中央有关领导的表扬。《人民日报》《光明日报》《文汇报》等全国性报纸以头版头条报道了岱山县尊师重教的事迹，国务委员兼国家教育委员会主任李铁映专门写信给中共岱山县委表示祝贺，并指出"兴学、尊师、重教是我们民族振兴的根本方针"。

长期以来受到地理条件的限制，岱山县的文化、经济基础较差。为了发展经济，他们曾通过提供优惠条件，如专门为此建造了"招贤楼"等措施，引进外地人才。但由于海岛交通不便，人才很难引进来。最后发现靠引进外地人才来发展本县经济的路子是走不通的。于是县委下决心发展教育事业，培养自己的人才。

《光明日报》的报道记录了该县几位主要领导抓教育办实事的几个例子。比如，针对岱山中学教师们所说的岱山中学的党员全是"进口"的，教职工112人，只有10名党员，而这10名党员全是外单位调来的这一现状，县委副书记姚德隆，跋涉在小岛之间，给教师们上党课，解决了教师入党难的问题。1984年，在教师中发展党员141名。到1985年，全县教师中党员的比例已占20%左右。县委书记朱松年四进岱山中学，解决了建设科教楼、教师宿舍和扩建学校运动场等问题。县委新班子成立以后，岱山中学进入鼎盛时期。不到两年，县主要领导来了8次，仅县委书记就来了4次。县长黄庆明跑遍了各个小岛，逢校必进，为学校解决问题。

浙江省岱山县东剑乡地处边远海岛，生活条件比较艰苦。为了改善全乡35位中小学教师的生活条件，乡政府从今年开始给教师浮动一至三级工资。教师们高兴地说："我们一定为提高海岛文化水平努力工作。"图为教师和学生在一起聊天的情景（《光明日报》1985年3月6日第2版）

《人民日报》也有相似的记录。提到针对民办教师待遇低这个"老大难"问题，该县辞退了一批不合格的民办教师，使得民办教师只占全县教师的12%。全县有一半乡镇的民办教师年收入达到千元，有的乡镇自己出钱，同样也给民办教师涨了工资。到1987年，全县已实现在经济待遇上不分民办与公办。为了解决骨干教师的后顾之忧，县委规定从每年千分之几的"农转非"指标中拿出一部分对教师家属做特殊照顾。一位宁波籍大专毕业生被分配到岱山任教，其家属子女是农村户口，县委常委讨论后决定给予其特殊照顾。这位教师十分感动，安心在海岛工作，认真负责地搞好教育工作。

在不到两年的时间里，岱山县主要领导同心同德抓教育，他们的足迹遍及大部分学校。由于他们的重视，这个21万人的小岛，上上下下都形成了重视教育、尊敬教师的风气。全县拨出42万元，建造了4500平方米教工宿舍，中教5级以上教师基本上住进了45平方米的住房；各方投资280万元，新建了校舍22 000多平方米；这个寸土如金的小岛，两年间花了十几万元扩大中小学活动场地80余亩；为56位教师的94名家属、子女办了"农转非"手续；全县18个乡，共建立了25个学校党支部。全县教育质量上升了。岱山中学

浙江省岱山县高亭小学重视开展多种形式、内容生动活泼及知识性强的少先队活动。几年来，该校学生多次在全国、省、地、县读书活动和智力竞赛中获奖。其中，六（1）班中队还在1984年共青团中央和《中国少年报》举办的"快乐的中队"活动中获奖。图为该校老师和学生一起饱览舟山群岛风光的情景（《光明日报》1985年2月8日第2版）

1985年98名全县统招的高中生毕业中，有92人考上了大学；全县已普及了小学教育，并实现了少、青、壮年基本无文盲，达到了《浙江省农村扫盲验收试行办法》规定的基本扫除文盲单位标准，浙江省人民政府向他们颁发了"浙江省基本扫除文盲单位"证书。

## 大事记

1983年4月4日　浙江省教育厅颁发经省人民政府批准的《浙江省中小学民办教师管理试行办法》，要求各地进一步加强对中小学民办教师的管理工作。

1988年9月8日　浙江省教育委员会、财政厅、劳动人事厅联合发布《浙江省农村年老病残民办教师生活补助费的暂行规定》，规定教育部门办的学校在编民办教师，年老病残离岗后可以享受生活补助费，同时还规定了补助标准及实施办法。

# 向浙大化工七七班学习

党的十一届三中全会之后，浙江省乃至全国从城市到农村，从部队到地方，在党中央关于建设社会主义精神文明的号召下，广泛有序地开展了以"学雷锋，树新风""创三好""五讲四美三热爱"为主要内容的文明礼貌活动。在这一活动中，浙江大学化工系化工专业七七班坚持又红又专，荣获共青团中央授予的"全国新长征突击队"称号，受到共青团浙江省委的表彰，成为全省教育战线学习的榜样。

浙江大学化工系化工专业七七班的学生始终把坚定正确的政治方向放在首位，为振兴中华刻苦学习，坚持德、智、体全面发展，取得了可喜的成绩。他们连续三年被评为学校先进班级，三次获得系颁发的"雷锋精神大发扬"红旗，1979 年荣获"全国新长征突击队"的光荣称号，1981 年该班团支部又被团中央命名为"全国先进团支部"。

热爱党，热爱社会主义祖国，坚持又红又专的方向，这是化工七七班同学们的坚定信念。四年来，全体同学坚持四项基本原则，在政治上自觉地和党中央保持一致。1979 年春天，当有些人打着"民主""自由""人权"的旗号，散布否定四项基本原则的资产阶级自由化观点时，化工七七班的同学认真学习了党中央领导同志关于社会主义民主和法制的讲话等有关材料，统一思想认识。共产党员、班团支委朱亮同学在墙报栏中首先贴出了自己的文章《民主谈》，以鲜明的观点澄清了一些错误思想。

化工七七班的同学热爱党，和党有着深厚的感情。无论社会上出现什么情况，他们心中总是对党充满着崇敬和向往之情。当怀疑和否定党的领导的思潮在少数人中间泛起的时候，这个班的许多同学纷纷向党组织递交入党申请书。班长胡望明同学在入党志愿书中写道："无数的事实证明这样一个真理：没有共产党就没有新中国，就没有中国人民的前途和幸福。"正是生活在这样一个集体中，化工七七班的同学形成了一种在政治风浪中与党同心同德的坚强风格。

化工七七班的同学不但具有高度的思想觉悟，而且还有良好的精神风貌。团结友爱、尊敬师长是全班同学为人的基准；遵守纪律，维护公德是同学的生活准则；热爱集体，助人为乐是他们的班风。

1980年夏天，正当期终考试临近的时候，班里年龄最小的女同学左竹梅突患重病，住进了医院。同学们轮流去看望。小左身边从早到晚都有同学在忙碌着：有的端饭递菜、送汤打水；有的为她读小说、朗读诗歌；女同学还替小左擦洗身体，换衣服。

全班同学从日常的一点一滴的小事做起，为建设社会主义精神文明的"大厦"添砖加瓦。盥洗室的下水道堵塞了，有的同学不声不响地清理疏通；深夜水龙头哗哗作响，有的同学悄悄起来——关好；拾到钱物，立即交还失主；乘坐公共汽车，主动给老幼病残者让座；班级还坚持组织同学下食堂帮厨。有个同学在返校途中，发现一位骑自行车的人跌伤昏倒在地，就赶忙把他护送到医院，并且一直看护照料，自己连饭都顾不上吃，直到伤者的家属赶到医院，他才摸黑回到学校。化工七七班的学生尊师成风。老师走上讲台之前，黑板总被学生擦得干干净净；老师迁居，学生就赶去帮助搬运家具；元旦到了，同学们把老师请来一起联欢；春节之际，大家纷纷去老师家里拜年。

化工七七班的学生绝大多数在十年浩劫中失学多年，上大学是他们梦寐以求的愿望，大家都有热烈的求知欲望和奋发向上的精神。为国家的中兴，为祖国兴旺发达的明天，班里人人珍惜时光，刻苦学习蔚然成风。

黄海同学年近30才进入浙大学习。他知道叹息、懊丧都无济于事，唯有更加努力才能补回失去的时光。每天凌晨四点半，黄海就起床，先在校园里跑2000米，然后在路灯下读英语。由于坚持不懈的努力，几年来他成绩一直领先，前年曾获得全校数学竞赛第三名，连续两年被评为三好学生，并获得学校颁发的奖学金。有些五十年代的大学毕业生看到这种情况后，高兴地说：这个班的学习风气很像我们学生时代，当年的学风又回来了。（《人民日报》1982年2月7日第3版）

1981年3月，共青团浙江省委和省委教卫部向各级团组织、全省教育战线发出通知，号召各条战线的团员、青年向浙大化工七七班学习。该通知指出，浙大化工七七班是一个在向四化进军中涌现出来的先进典范，也是我省高等院校学生中的一个优秀集体。这个先进集体的出现，是贯彻执行党的十一届三中全会路线的一个重要成果，体现了我们这一代青年的精神风貌，是全省一千四百多万青少年学习的榜样，给各级各类学校如何按照德智体全面发展的要求培养青年学生提供了一个生动的范例。因此，通知要求各级团组织、全省教育战线开展学习七七班的活动，并将其贯彻在坚持十一届三中全会以来党的路线、方针、政策，坚持四项基本原则的教育中；贯彻在按照德智体全面发展的要求，培养教育学生的全过程；贯彻在开展"学雷锋，树新风""创三好""五讲四美三热爱"的活动中。学校的各级领导和教学、政工、后勤等方面的同志，要以新的姿态、新的作风、新的方法进行工作。

"化工七七班上去了，我们土木系工民建七七班怎么办？"浙大学生正在热烈地讨论（《浙江日报》1981年3月18日第1版）

通知发布后，引起了大中小学和社会方面的强烈反响。全省各级各类学校把学习浙大化工七七班同"学雷锋，树新风""创三好""五讲四美三热爱"的活动密切结合起来，以浙大化工七七班为榜样，学先进，找差距，见行动，决心创第一流校风，夺第一流成绩，出第一流人才。例如，杭州一中将有关浙大化工七七班的报纸张贴在橱窗里，并在班会上组织学生讨论，激发大家创第一流校风、夺第一流成绩的政治热情。该校高一（3）班的学生对照七七班先

新昌县城关公社东方红小学是全省红小兵"向雷锋同志学习"的先进单位之一，该校红小兵努力开展"学雷锋、争三好"活动，发扬"钉子"精神，为革命勤奋学习。图为五（3）班红小兵在课余时间认真探讨数学难题的情景（《浙江日报》1978年3月4日第3版）

进事迹，提出了"四想四查"：想七七班学生无愧于党和人民的期望，查自己还有哪些不符合党的要求；想七七班学生德智体全面发展，坚持三好方向，查自己有没有始终坚持又红又专的目标；想七七班集体主义思想浓厚，事事为集体争光，查自己有没有处处为班级荣誉出力；想七七班学生具有社会主义道德修养，查自己有没有文明礼貌，树一代新风。在此基础上，高一（3）班的学生提出了整顿班级的四条措施：一是团干部做青年的知心朋友，关心同学，使大家树立正确的政治方向，努力做到又红又专；二是组织同学学好基础课，同时也要有计划地学习课外知识，以扩大眼界；三是发扬团结友爱精神，热心帮助后进同学；四是学雷锋做好事，坚持从一人一事做起。

## 大事记

1979年9月1日　全省中小学开始试行教育部重新颁发的《小学生守则（试行草案）》和《中学生守则（试行草案）》。

1980年9月4日　共青团浙江省委、浙江省教育厅共同决定在全省青少年儿童中开展"人人争戴小红花"活动。至翌年6月，共表彰了1万名"红花少年"和100个"红花集体"。

1981年2月19日　浙江省教育厅发出《关于进一步开展"学雷锋，树新风，创三好"教育活动的通知》，部署各地有计划、有组织地进一步搞好此项教育活动。

1981年2月25日　全国总工会、团中央、中华全国学生联合会等9个群众团体，联合向全国人民特别是青少年发出倡议，开展以讲文明、讲礼貌、讲卫生、讲秩序、讲道德和心灵美、语言美、行为美、环境美为内容的"五讲四美"文明礼貌活动。全省各级各类学校普遍开展"五讲四美"教育活动。

1981年3月31日至4月3日　中共浙江省委教卫部、省教育厅共同召开中学生思想政治教育工作座谈会，提出当前应加强对学生的形势教育、四项基本原则教育、前途理想教育和以"五讲四美"为主要内容的道德品质教育。

1982年2月19日　浙江省教育厅发出《关于在中小学生中进行爱国主义教育的通知》，要求各级教育行政部门和学校把爱国主义教育作为加强中小学思想政治教育的重要课题来抓。

1982年2月27日　浙江省高教局转发教育部颁发的《高等学校学生守则》《中等专业学校学生守则（试行草案）》，通知各高等学校、中专学校试行。

1982年4月2日　浙江省教育厅、省高教局、团省委联合发出《关于在全省学校深入开展创三好活动的通知》。年底，表彰了省级三好学生475名，优秀学生干部113名，先进集体113个。

1982年7月12日　浙江省教育厅、省高教局、省教育工会联合发出《关于评选表彰"五讲四美"为人师表优秀教师和先进集体工作的通知》。经省人民政府批准，评出省级"五讲四美"为人师表优秀教师和优秀教育工作者455人，省级先进集体99个。

# 浙江大学代表团访美

　　浙江大学作为具有悠久历史的大学，在新中国成立之前就和美国、英国等国的著名大学有密切的联系和频繁的学术交流。中美建交后，美国的许多大学纷纷来信来访，主动和浙江大学联系，甚至建议与其结成姊妹学校。由此，在邓小平访美当年的初夏，浙江大学组织了新中国首批访问美国的大学考察团。考察团以党委第一书记刘丹为团长、副校长王启东为副团长兼翻译，包括教务长缪进鸿、物理系主任李文铸、化工系主任周春晖、化工专家侯虞钧、科学仪器系主任吕维雪、电子计算系主任何志钧共计8人，对美国高等教育的科系设置、本科教育与科学研究等情况进行了为期一个月的考察访问。

　　考察团在美期间受到了美国学校的热烈欢迎和隆重招待，在美学者如吴健雄、杨振宁、林家翘、陈省身、徐皆苏、田长霖等给予了浙大代表团大力支持，浙大北美校友为这次访问的顺利进行发挥了很大的作用。他们为考察团安排了周密而详尽的访问计划。考察团刚到纽约，由于时差悬殊，旅途劳顿，正打算休息调整的时候，临时接到纽约曼哈顿社区大学的热情邀请。这个学校听说浙大代表团来到纽约，也知道原访问计划中没有他们学校，但为了表达对中国人民、对浙大的欢迎，便捷足先登，热情邀请考察团先访问他们学校。盛情难却，考察团首先完成了这个计划之外的考察。

紧接着，考察团先后访问了纽约市州立大学斯得顿岛分校、纽约理工学院、纽约州立大学石溪分校、宾州大学、里海大学、麻省理工学院、哥伦比亚大学、匹兹堡大学、密歇根大学、威斯康星大学、斯坦福大学、加州大学伯克利分校、加州理工学院以及匹兹堡西室电气公司原子能研究所、斯坦福大学直线加速器中心、劳伦斯伯克利实验室等。虽然当时正值美国学校的考试或放假期间，但并未因此耽搁考察访问的进行。许多学校派车或者来人到机场或宾馆候接。例如，杨振宁博士所在的纽约州立大学石溪分校，早晨五点就派出专车从百里之外来迎接考察团。里海大学教务长亲自驱车到机场接考察团，考察团一下飞机就被接到教务长家中。威斯康星大学沈艾文校长为考察团举行了盛大的家宴，希望浙大多派留学生到该校求学，并保证凡浙大派出的学生一经科学院批准即可到该校免费学习。

访问中，美国学校除了纷纷提出诸如加强学术交流、互派留学生、派教授到浙大讲学之外，他们还把自己的办学经验、实验仪器和研究成果，给考察团作了详细的介绍。例如，麻省理工学院的教务长身兼美国科学院、工程院、医学科学院三大院士之职，在他工作十分繁忙的情况下还是挤出时间给考察团介绍了该校办成世界一流大学的经验。威斯康星大学把该校内部管理制度、教师升职办法等资料送给考察团。有一次，考察团向美国一大学的物理学教授提出物理教学的问题，该教授竟搬了一大堆大学物理教科书送给了考察团。访问结束，考察团收到的各种教材和资料逾450千克。

浙大北美校友更是如此。他们不仅把自己的教学经验、研究专长和实验室设置悉心向考察团介绍，而且为考察团同志考察、参观最新近的科技成果费尽心思，纷纷表示愿意自费来浙大讲学。考察团在考察哥伦比亚大学时，该校物理系主任、著名物理学家吴健雄亲自联系安排，当时这个学校已经放假，学校许多教职员工要外出度假，由于她在该校的较高声誉，哥伦比亚大学的副校长、教务长以及有关院系负责人都调整休假安排接待考察团。吴健雄教授更是热心带领考察团参观她的实验室，如数家珍地介绍她自己的研究项目，并对浙大某些专业的发展提出了独到的见解。

考察团的出访不仅打通了与美国中断30年的学术交流渠道，重新建立了联系，还考察了美国大学的办学方针、教育体制，购买了急需的仪器设备，为科研、教学发展提供了经验，创造了条件，为今后浙大与美国大学之间开展学术与教学交流打下了良好的基础。

另外，据王启东教授记述，对于这次访美考察值得注意的是：

访美考察最初的目的，是把浙江大学改造成综合性的教学研究型大学，浙大曾经就是按这个模式办学的，后来因为学习苏联，被拆成了4个专科性的学校，如今是否能够把这4个学校再合并起来，重新组成一个新的综合性的浙江大学呢？

关于四校合并的设想，就是自那个时候起的。赴美访问时许多浙大校友都认为浙大拆开了太可惜，应该合并起来，重新发扬浙大的优良传统。这些意见给我们打了一支兴奋剂，给四校合并的努力增添了动力。

## 大事记

1980年7月4日　浙江大学与美国威斯康星大学、犹他大学、明尼苏达大学建立校际联系。随后，杭州大学、浙江农业大学、浙江医科大学等也先后与国外一些大学建立了校际联系。

1985年3月25日　浙江省省长薛驹与联邦德国下萨克森州州长阿尔布莱希特就合作建设杭州高等专科学校事宜签订协议，并于10月间形成《关于把杭州高等专科学校建设成对中华人民共和国具有示范性的高等专科学校的会谈纪要》。

# 纠正挥霍挪用教育经费错误

《光明日报》1982年8月26日第1版头条刊发了德清县几名老党员的来信，揭发该县文教局的某些领导，无视中央提出的关于要认真办好农村中小学的指示，采用移花接木、偷梁换柱等手法，挪用大量教育经费，办工厂、建造高标准宿舍。从1979年至1981年这3年期间，他们擅自挪用教育经费达42.8万元，占全县同期教育经费中公用经费的25.5%。随后，《光明日报》

关于德清县文教局挪用教育经费的报道（《光明日报》1982年8月26日第1版）

对该县挪用教育经费一事作了十多篇连续报道，指出挪用教育经费办工厂和建造高标准宿舍楼，已引起严重后果，群众纷纷要求严肃查处这一事件。

关于德清县文教局挪用教育经费建造的高标准宿舍楼的报道（《光明日报》1982年9月18日第2版）

《光明日报》的报道引起了人民群众和领导的高度重视。在来信见报的第二天，中共嘉兴地委的领导专门对此进行了讨论，认为《光明日报》披露这件事和发表短评，对嘉兴地区教育部门严肃财经纪律，是一种促进和帮助。地委副书记兼专员周洪昌立即写信给德清县委，指出必须迅速查清，做出严肃处理。9月2日，地委副书记杨逸梅率领地区教育局等有关部门负责干部，专门到德清进行调查。9月3日，《光明日报》记者在浙江省德清县邀请部分中小学校长、教师和学生家长，就该县文教局挪用大量教育经费办厂、盖高标准宿舍楼问题举行座谈会。发言者一致认为，这一违反财经纪律的事，严重损害了教育事业，已引起城乡群众的强烈不满，应当严肃处理。9月4日，他们又邀请德清县有关负责干部座谈。座谈会上，德清县文教局局长沈君筹首先发言。他对挪用教育经费的事做了检讨，表明了态度。他说，他们文教局党组的三名成员（局长和两位副局长）表示，决不住进新盖的宿舍楼。9月5日，浙江省教育厅厅长肖文、副厅长李春田等发表讲话，指出德清县文教局挪用教育经费，情节恶劣，必须严肃处理。这个在财务检查中发现的挪用教育经费的典型，经在报上公布，将促进浙江省教育系统财务大检查，有利于管好用好教育经费。

在报道后不到两周，就查明在德清县文教局挪用教育经费盖宿舍楼中经管宿舍楼基建工作的蔡伟辉，利用职务之便贪污公款 2664 元。德清县人民法院于当年 9 月 6 日公开宣判，判处蔡伟辉有期徒刑一年，缴获的赃款发还给文教局。之后，中共中央纪律检查委员会转发了中纪委调查组《关于浙江省德清县县直机关建房分房中不正之风情况的调查报告》，并就此发出通报，强调对在建房分房中违法乱纪的领导干部必须严厉惩处。通报提道：

> 德清县县直机关一些领导干部，利用职权，违反财经纪律，挪用事业费和挤占各种资金，占用良田，兴建超标准的职工宿舍；在分配住房中，少数领导干部多分房，分好房，引起了群众的很大不满，损害了党的威信，错误是严重的。对此，浙江省委十分重视，对犯有严重错误的领导干部，根据他们所犯错误的情节轻重、态度好坏，分别给予原县文教局长、现任县人大常委会党组成员、办公室主任汤寿林撤销党内职务的处分，并建议撤销其行政职务；对主管计划和财经工作的副县长王惠珠予以通报批评。另外，对县卫生、民政、财税、基建、农林等局的某些负责人，也责成他们作出深刻检查，认真改正错误，并视其情节给予适当处理。我们认为浙江省委这种严肃的态度和果断的作法是正确的，必要的。(《人民日报》1982 年 12 月 27 日第 1 版)

这一事件在《光明日报》刊发后，《浙江日报》也连续刊登这方面的报道，并揭露上虞县挪用教育经费的类似事件。《浙江日报》于 10 月 4 日刊登了《光明日报》揭露德清县文教局挪用经费的综合新闻，同时刊登了浙江省教卫体办主任邱清华同志就德清县文教局挪用教育经费一事答《浙江日报》记者问。邱

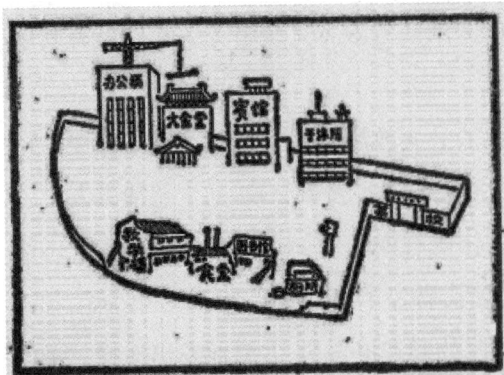
"教育经费——有人总爱花在刀背上"（《光明日报》1988年12月12日第1版）

清华同志在答记者问中表示完全赞成和支持《浙江日报》对德清事件所取的严肃态度和立场。《光明日报》刊登了杭州市教育局表示要从德清事件中吸取教训的报道；还报道了浙江省政协副主席崔东伯投书该报，对德清县文教局某些人员如此坑害教育事业表示极为愤慨，要求严肃处理。10月5日，《浙江日报》还揭露了上虞县文教局擅自动用教育经费办企业公司，放任个别坏人投机倒把，损失6万余元的严重问题；刊登了浙江省临安县精打细算把教育经费用在刀刃上的新闻。《浙江日报》在这组对比报道的编者按中指出："挪用教育经费，是直接危害教育事业的严重问题，各级领导必须严肃对待，切不可等闲视之。"

也是在这一天，浙江省人民政府教育卫生体育办公室向地、市、县教育行政部门和大专院校发出《关于转批省教育厅党组〈关于德清县文教局严重违反财政纪律，大量挪用教育经费问题的报告〉的通报》，要求各级行政部门联系本地区本部门实际，普遍进行检查，并采取有力措施，坚决刹住这种歪风邪气。浙江省各级教育部门通过对教育经费使用情况的初步检查，在49个县文教局中，发现除德清县外，还有上虞、桐乡、黄岩、永康等县也有违反财经纪律、挪用教育经费的问题。有的县文教局将教育经费用于盖办公楼、机关宿舍、招待所；有的用于购置汽车、汽船；有的基层单位将预算外收入私设"小金库"，巧立名目，用于请客送礼、吃吃喝喝；有的单位乱发奖金、补贴和实物，甚至还发生贪污盗窃、投机倒把的犯罪活动。通过检查，还暴露了财务管理混乱和制度不健全等问题。

针对这种情况，浙江省教育厅和财政厅专门研究了处理办法，并做出规定，重申："教育经费一定要专款专用，严禁挪用"，"任何单位不准私设小金库"。

## 大事记

1985年4月29日　浙江省人民政府发出关于贯彻国务院《关于筹措农村学校办学经费的通知》的实施意见，实行多渠道筹措农村学校的办学经费。

1985年6月　浙江省教育厅、财政厅联合发出通知，对高等学校的财政拨款试行"综合定额加专项经费"。定额经费的分配与在校学生人数的多少直接挂钩，学校有权按照"包干使用，超支不补，节余留用，自求平衡"的原则，统筹安排使用核定的年度教育事业费。

1986年7月7日　浙江省财政厅、教育委员会联合发出关于贯彻执行国务院《征收教育费附加的暂行规定》的通知。该通知规定除按浙江省人民政府原规定的范围和办法征收教育费附加外，其余凡缴纳产品税、增值税、营业税的单位和个人，都应按实际缴纳税额的1%缴纳教育费附加。

# 以科研收入养科学研究

党的十一届三中全会后，浙江省内高校及科研院所认真贯彻科学技术必须面向经济建设的科技发展方针，加强应用科学研究，重视科研的经济效益、社会效益和科技成果的应用推广。其中，浙江大学在发展应用科学的研究中，提出"吃百家饭"和"以科研收入养科学研究"的口号，通过与企业签订协议合同，使研究成果尽快发挥经济效用，实现了学校和企业发展提升的双赢，也为其他高校提供了可以借鉴的经验。

《浙大正确处理提高教学质量和开展有偿服务关系》一文（《浙江日报》1988年6月28日第1版）

浙江大学早在1979年就与企业、工厂开展成果转让和技术攻关工作，但是仅限于单向的、短期的协作。为了改变这一现状，进一步落实党的十一届三中全会关于科学技术发展的方针，学校一方面建立科技咨询服务部，鼓励各系、教研室、实验室、图书馆、校办工厂等单位挖掘潜力，积极承接各项科技咨询服务项目。服务范围包括：科技成果

在大陈岛渔场，渔民们经常看到两个年轻的科技人员的身影，他俩就是浙江水产学院1983届毕业生李新瑞、陈普林。他俩坚持科研为生产服务，成为渔民们从事渔业生产的好参谋（《光明日报》1985年7月16日第1版）

的推广与转让；新技术、新工艺、新产品、新设备的研制与开发；各种工程的设计；工程技术、管理技术的咨询；科学技术及经济的预测和咨询；分析测试、计算、数据处理和各种软件服务；承办各学科的进修班、培训班；科学文献资料的翻译、教学录像、制作与复制幻灯片；协作攻关及承接国外科技服务项目；等等。另一方面，通过在校一级与各省市之间建立长期全面的科技协作关系；在系、教研室一级与工厂、研究所之间横向对口，建立化工、密封材料、计算机、风机、模具加工、半导体技术等联合开发公司；在学校与学校、部门之间，建立一批跨校、跨部门的联合开发公司，不断地调整和建立长期固定的联合体，促进科研成果向生产力的快速转化。

到1984年前后，学校除承担了国家和各部委托的重大科研项目100余项外，还同20个省市签订了各类科技合同300余项，收入400多万元。学校每年的科研经费稳定在1000万元左右，其中80%是靠技术协作取得的。计算机系与杭州计算机厂建立的计算机研究所，仅3个月时间就生产出样机，半年就生产了IBM-PC微型机1000台，年产值达2000万元，净利润几百万元。通过科研合同或协作冲破了高校单纯"教与学"的传统模式，促进了教育和科研的结合与人才培训的质量和教学研究水平的提升。例如，在科研成果转让和推广应用的过程中，一方面，学校先后派出了200多名教师担任有关公司

企业的技术顾问，还组织了各学科的教师到十多个省市、近百个工厂进行技术诊断，既帮助企业进行了技术改造，推动技术和经济的结合，又弥补了教师在生产技能和管理经验方面的不足。另一方面，扩充科学研究设备及相关条件，建设出更多的实验室。常常是一个重大的项目完成之时，相应的实验室也跟着扩充起来。光仪系通过为国家研制一系列的光学仪器，不仅建造了一个规模可观的光学实验基地，而且把各方面光学研究的长处引到学校中来，既以研究出的技术成果为国家做出贡献，又总结出不少理论成果，使理论基础和应用技术比翼双飞，发展了光学仪器专业。于1984年12月召开的全校科学报告会上呈现的400篇论文，就是这种理论成果的总检阅。

浙江省内其他高校也相继进行了类似的"以科研收入养科学研究"的改革。例如，1982年，浙江师范学院中文系讲师郑骅雄研制成功的3种声调实验仪器交工厂生产试销；浙江水产学院讲师林载亮经过两年多的研究，研制成功渔船柴油机余热利用装置，得以推广使用；1983年，浙江农业大学的85项科研成果中，60%已应用在农业生产上；等等。

## 大事记

1982年　浙江大学等高等院校共获得1982年度浙江省优秀科技成果奖45项，优秀科技成果推广奖2项。

# 分类指导山区教育工作

地区条件差，教师缺乏，技术人员不足，严重影响了山区建设事业的发展。党的十一届三中全会以来，浙江省委、省政府在调查研究的基础上，坚持从浙西、浙南山区的实际出发，对山区的中小学教育

浙江岱山县岱山中学教师赵鼎法，用多种方法教学。他教的班级被评为浙江省教育系统先进集体。图为他在上物理课的情景（《光明日报》1985年2月6日第1版）

工作实行分类指导，促进了农村普通教育质量的提高。

1982年3月，浙江省分管教育的副省长走访了浙西、浙南山区的6个县，检查了56所中小学，接触了200多位中小学教师和他们的部分家属，多次认真听取他们对搞好山区教育工作的意见，发现浙西、浙南山区教育基础差，一部分县的小学生合格率平均只有14%。为此，省里决定允许并且支持这些山区县采取某些变通措施。例如，省里提出每个县以区为单位办好一所完全中学，以公社为单位办好一所初中，以大队为单位办好一所中心小学的设想；这些山区县可以改为每县办好一至三所完全中学，区

办好一所初中，公社办好一所中心小学。普及小学教育的时间可放宽到1990年，甚至更久。再如，针对山区人口稀少，居住分散，造成学校布点过多，给教育事业带来了人力、物力、财力困难的现实情况，除了适当撤并或实行复式教育外，还要大力提倡、支持群众办学。经济政策调整以来，群众办学积极性和可能性都大大增加。浙南最偏僻的山区庆元县的新村区，104个大队中已有22个大队自建校舍办起了学校。要求教育行政部门积极从教材、师资等方面给予支持。对民办教师的整顿，从实际出发，适当放宽限期，以免发生无人教书的情况。还有，针对山区师资队伍"一缺三多"（即合格教师缺，民办、代课、不合格的教师多）的状况，省里要求各山区县把师资队伍的建设当作一件大事来抓。除靠本地区培养初中、小学教师外，决定省属高校、中专、技校招生时，对边远山区的考生适当给予照顾，毕业后，原则上分配回当地工作。要求山区地、县两级的人事、教育部门，对外来教师在生活和工作上给予一定的关心和照顾，使他们安心在山区工作。

同时，山区各县市及乡镇也想方设法加大教育投入，培养基础教育师资。其中，丽水地区将发展大专、中专教育作为一项重要工作来抓，立即着手新建师范专科学校、农业学校、商业学校、师范学校和广播电视大学分校等，还扩建了林业、卫生学校。在省、地区有关部门支持下，国家和地方财政部门用于发展大、中专专科学校的基建投资在3年内逾320万元，新建了大批教学楼、宿舍、图书资料室和实验室等。地区党委还根据丽水是少数民族畲族

全国优秀班主任李晓英，十多年来坚持在余姚县山区任教，受到群众广泛好评（《浙江日报》1985年7月27日第1版）

聚居地，单独建立了一所少数民族师范学校，修建了4幢新楼房，招收了400多名学生，并为少数民族培养师资。这批学校兴办起来后，丽水地区人事、教育部门还积极从各方面调配师资，并积极培训教师，不断充实和强化教师队伍。到1982年前后，全区中等专业学校已由1977年的3所增加到8所，在校学生由400多人增加到3500多人，在职教师从1976年的109人增加到400多人。

## 大事记

1983年3月12日至15日　浙江省教育厅在鄞县召开全省农民教育经验交流会。

1983年3月19日　浙江省教育厅下达《浙江省农村扫盲验收试行办法》，对扫除文盲的标准和扫盲验收的批准权限等做了规定。

1984年1月30日　浙江省教育厅颁发《浙江省基本普及初等教育的要求和检查验收办法》。到1984年年底，经验收合格，全省达到基本普及要求的共有56个县（市、区），占全省87个县（市、区）的64.4%。

1984年12月16日至18日　浙江省教育厅在桐乡县召开农村教育体制改革座谈会，会议听取了桐乡、富阳、余姚等县进行农村教育体制改革，将农村中小学下放到乡村去办的试点经验，研究了分级办学、分级管理农村教育的职责范围，并要求进一步扩大改革试验点。

1985年6月13日　浙江省第六届人民代表大会第三次会议通过《浙江省实行九年制义务教育条例》，自本年9月1日起施行。

1985年7月27日　浙江省人民政府审核，批准临安等44个县（区）达到《浙江省农村扫盲验收试行办法》规定的基本扫除文盲单位标准，向他们颁发"浙江省基本扫除文盲单位"证书。

1986年9月22日　浙江省教育委员会作出《关于追授陈翠梅"优秀人民教师"荣誉称号的决定》。陈翠梅生前系丽水市上塘畈民族小学民办教师，在条件艰苦的山区执教22个春秋，为畲族乡的少数民族教育"鞠躬尽瘁，死而后已"。

1986年10月　浙江省教育委员会在杭州召开支援贫困县教育工作会议，确定省内5个市与5个贫困县结成对子开展教育扶贫活动。杭州市帮扶景宁县，宁波市帮扶文成县，温州市帮扶泰顺县，嘉兴市帮扶永嘉县，金华市帮扶磐安县。帮扶的内容包括考察学习、校际联系、教学资料与信息交换、教学与教研、师资培训、讲学、专题讲座、选调教师到贫困县任教等。

# 湖州中学的劳动技术教育课

作为浙江省重点中学之一的湖州市湖州中学，在抓好文化课教学的同时，坚持不懈地开好劳动技术课，从而大幅度提高了教育质量，既为高一级学校输送了合格的新生，又为社会培养了有文化、有技能的劳动者。他

关于湖州百余所中学开设劳动技术课的报道（《浙江日报》1988年5月29日第1版）

们也曾为追求升学率所困扰，存在着重视文化课，忽视技术教育的现象。在端正办学思想之后，该校从1983年3月起，完全依靠自己的力量解决劳动技术教育课程的师资和设备问题，在全校初高中24个班开设劳动技术教育课，取得了很好的效果，受到了师生和家长的热烈欢迎。这一年5月底，浙江省教育厅在这个学校召开了现场座谈会，与会者一致肯定这个学校开设劳动技术教育课的经验。

该校的劳动技术教育课，初中各班每周一节，高中各班每周两节，纳入课表；期末考核，学生在该课的表现作为学生品德鉴定的一项内容。他们根据各年级学生的年龄特点、所学课业的内容和学校的实际情况，开设了以下课程：初一年级为植物栽培，初二年级为电工（照明电路），初三年级为农业劳动，高一年级和高二文科班为金工、木工、裁剪和缝纫，高三年级为制图和无线电。开设这些课程，需要教师、教材、设备和劳动场所，学校采取能者为师、就地取材的办法，由校内有实践经验的教师和职工担任。如植物栽培和农业劳动课由生物教师担任，电工、无线电、制图课由物理和数学教师担任，缝纫、金工和木工分别由图书管理员、总务科职员和木工师傅担任。教师自己动手编写有关课程的基本知识及工具操作要求手册，学生人手一册。学校仅花了5000元用来购置缝纫机、老虎钳、工作台等用具。他们还因陋就简，自己修缮旧房，搭建简易工棚，作为专用的教室和工场。

　　学生对劳动技术课很感兴趣，上课总是早来晚走，并形象地把它称为"活课堂"，可以"吸收新鲜空气"。经过几个月的学习，每个学生都学到了一定的技能，制出了一批产品。学金工的为学校制作了花圃铁栏杆100多米和七层书架17个，学木工的制作木凳面300多块和书架层板100多块，学裁剪缝纫的多数人自买布料做裤子一至两条，学无线电的自装三管收音机280多台，学栽培的播种花卉18种，移栽各种花木1600多株。市教育局看到学生制作的方凳很好，便向学校定购了6000个。3年期间共创利12万多元。他们贯彻"以劳养劳"的原则，把大部分钱用于添置劳技课教学用具，新建了近200平方米的5间专用教室和金工、木工工场，改善了办学条件。

　　这一课程教学，不仅培养了学生的劳动习惯，增强了劳动观念、集体观念和组织纪律性，而且促进了学生文化课的学习：原来学习好的更好了，学习差的进步了。如高一（2）班学生王莘，原来学习成绩差，但因技术课学得好，经常受到老师表扬，进而激发了学习的积极性，文化课成绩有显著进步。原先有些老师担心开设劳动技术课会影响文化课学习，现在这种担心也消除了。据了解，该校在开设劳动技术课前的1983年夏季，初中毕业生参加全市升学统考的合格率只有75%，自开设劳动技术课以来，逐年上升，1984年至1986年，初中和高中毕业统考合格率均达到了100%。

## 大事记

1983年9月6日　浙江省教育厅发出通知，要求各级教育行政部门和学校认真学习教育部颁发的《关于全日制普通中学全面贯彻党的教育方针、纠正片面追求升学率倾向的十项规定（试行）》，切实纠正和抵制片面追求升学率的错误做法。翌年2月，浙江省教育厅又发出通知，要求全日制中学立即停办以升学为目的的高考复习班。

# 让一部分知识分子先富起来

1983 年 1 月，在中共浙江省委工作会议上，省内 20 多个大专院校的校长、党委书记在探讨怎样用政策调动知识分子积极性的过程中提出，"一部分农民可以靠科学务农先富起来，那么一部分有真才实学、为四化建设作出较多较大贡献的知识分子，为什么不可以也先富起来呢？"此话引起了参会人员的共鸣和热烈讨论。

讨论中，浙江大学党委书记黄固提出："要开创科教战线的新局面，必须学习推广农业生产责任制的经验，把权、责、利紧密结合起来，搞点竞争。教学、科研搞得好的人员，收入可以高一点，鼓励他们先富起来。这是调动知识分子积极性的一条新路子。"他的这一观点，得到了多数与会人员的赞同，但也有两人提出了"先富"的做法等于变相地提倡"捞外快"，会"失去控制"，还将降低教学质量。

"先富起来再说"（王勇／作）

对此，杭州商学院、浙江工学院的与会人员提出："一定要把'富起来'和'捞外快'的界限搞清楚，要具体分析。我们提倡知识分子富起来，着眼点是鼓励大家多为社会培养人才，多给社会创造物质和精神财富。一部分人通过辛勤劳动多做贡献，从增加的经济效益中支取一点应有的正当收入而富起来，绝对不能被指责为'捞外快'。"至于会不会影响教学质量，浙江林学院、浙江医科大学的与会人员认为，关键是校、系和教研组三级要加强领导管理，一定要把教师的对外兼课、兼职或承包科研任务等，计算在工作量内，统筹兼顾，合理安排。他们还列举了许多事实，说明组织教师外出兼课、兼职后，由于加快了知识更新，教学质量没有降低而有所提高。

经过讨论，大家就"鼓励一部分知识分子先富起来"达成了共识，认为教师为经济建设服务的致富之路是宽广的。例如，通过科技成果有偿转让，在科技协作攻关和技术改造中承包科研项目，开展社会性的技术咨询服务，办好生产试验基地、校办工厂，仪器设备开放，扩大招收自费走读生，等等。若从这些方面所创造的经济效益和收入中提取一定比例作为教师的个人报酬，将对改善他们的生活起一定的作用。另外，会上还就如何将这一共识落实下去进行了探讨。如就有与会人员提出：让知识分子富起来，上级部门必须带头进行改革。因为现在学校虽然有了收入，却没有支配权和使用权。许多部门的规定和制度卡得很死，一点也不能动。

会议最后，分管文教工作的浙江省委常委、副省长王家扬在仔细倾听了大家的讨论后明确表示，应当鼓励贡献较大的一部分知识分子"冒尖"，允许一部分人先富起来。浙江省委副书记薛驹代表省委提出：要鼓励一部分贡献较大的知识分子先富起来。"要鼓励教师和科技人员在完成本职工作定额的前提下，到社会上去兼课、当技术顾问，并领取社会付给他们的相应报酬。"

在这次讨论一个月后的浙江省科技工作会上，中共浙江省委副书记、副省长吴敏达代表省政府，提出了贯彻科技方针、试行体制改革和进一步落实知识分子政策的几项具体措施，其中就包括进行科技经费拨款方式改革的试点。允许试点单位承担企业委托的任务和提供技术服务，可以收钱。收入的大部分作为研究单位的科技发展基金，少部分用于本单位的集体福利和奖励；允许知识分子在搞好本职工作的前提下，去外单位兼职、当顾问，从事技术咨询和开发工作。在经费上有关部门予以支持，其费用的多少与经济效益挂钩，全省要挑选一批有突出贡献的中青年科技人员，优先提高他们的物质待遇。

# 兴建农村初中实验中心

　　1983 年 9 月，教育部在浙江省东阳县召开现场会，推广浙江省建立农村初中实验中心，加速开展农村中学实验教育。会议认为，这种做法投资少、见效快、收益大，是加强和改革农村教育的有效措施。

湖州市新风小学积极开展兴趣小组活动。这是科学实验小组的学生用砻糠进行平菇袋、盆、瓶栽培试验，获得可喜成果，并撰写了科学论文。暑假期间，二十多名学生继续对平菇进行观察记录（《浙江日报》1985 年 7 月 19 日第 1 版）

　　党的十一届三中全会后的两三年中，浙江农村教育有了较为明显的发展，师资队伍得到了充实，教育经费得到了增加，办学条件得到了改善。进入 20 世纪 80 年代后，加强农村教育薄弱环节建设成为这一时期的工作重点。浙江省教育厅在 1981 年到 1982 年先后组织了几次规模较大的教育调查的基础上，对农村教育的网点布局进一步做了研究和改进，重申了"一个区首先办好一所初中，一个县确定一所公社初中为示范性初中，在领导、师资、设备方面加强配备，集中力量办好，使之在全面贯彻党的教育方针、对学校进行科学管理、提高教育质量方面起示范作用"的农村教育发展策略。也就是在这一背景下，1981 年，浙江省教育厅面对 2300 多所初中、1600 多处小学附设的初中班要逐个配齐实验设备，根据当时的人力财力 20 年也办不到的现实状况，决定尽快解决农村初中实验教学的薄弱问题，分批建立农村初中实验中心，改变农村初中实验仪器奇缺且学校分散、保管条件差的状况。

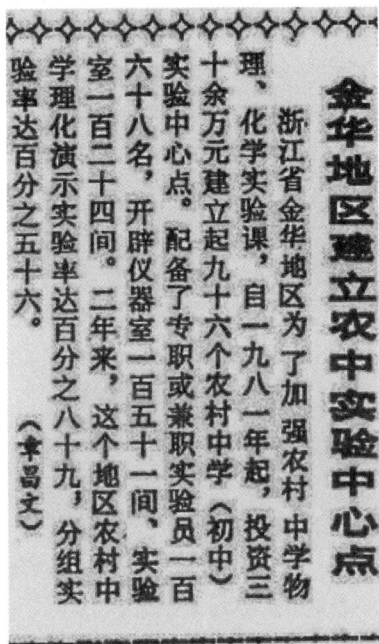

关于金华地区建立农中实验中心点的报道（《光明日报》1983 年 4 月 9 日第 2 版）

农村初中实验中心是以一所基础较好的中学为中心，按初中课程要求实验仪器设备由浙江省教育厅统一配发，实验室、仪器室、仪器橱、实验桌由各省、市置办，经费一般采取由国家、社队和学校都出一点的办法加以解决，并配齐实验教师，附近的初中可以依靠这一中心，开展实验教学。浙江省教育厅从 1981 年开始，在东阳等 7 个县试办了 117 个农村初中实验中心。在筹建过程中，7 个县市的党委和教育部门大力支持，并积极进行筹办。例如，临安县拨出 3 万元作为在全县建立 13 个实验中心的专款，并把一辆汽车拨给实验中心使用。东阳县横山公社为建立实验中心拨出专款 1 万元。东阳县已建立的 26 个实验中心共有仪器室 33 间、实验桌 255 张、仪器橱 115 只，每个实验中心配备一名理化教师做仪器管理员，并建立起一套管理制度。到 1982 年 1

月，这 26 个实验中心已为所在区域初中学校开展物理演示实验 807 次、化学演示实验 824 次，学生分组物理实验 49 次、化学实验 41 次、生物实验 1 次。有 6 个实验中心还送实验上校，即对一些实验条件较为简单的实验，由实验中心仪器管理员送仪器、药品到学校，免去师生往返之劳。

以往多数不会做实验的教师，在实验中心边教边学，具备了独立进行实验教学的能力。"过去上化学、物理课，老师在黑板上做实验，学生看不清，听不懂。现在学生动了手，知识学得进，记得牢，有的还能在生活中用得上。"

到 1983 年，全省已经开办和正在筹建的农村初中实验中心有 796 个，遍及每个县市，使全省 90% 以上的农村初中和大量小学附设初中班基本上可按照教学大纲的要求开展实验课。这种遍布全省每个县市的实验中心，初步改变了农村初中理科实验教学落后的状况，为培养大批合格的农村劳动后备力量创造了有利条件。

# 温州大学探索新体制新路子

1983 年开始，为贯彻国务院关于加速发展高等教育的指示，浙江省高等教育在实施多渠道多层次办学的同时，加快了对高等学校管理体制的改革，扩大高等教育规模，探索高等教育发展的新体制新路子。在这之中，于 1984 年 7 月由浙江省政府发文筹建的温州大学成为这一探索的排头兵。

关于温州大学探索新体制新路子的报道（《浙江日报》1985 年 7 月 19 日第 2 版）

温州大学在筹建到招生总共不到半年的时间里，探索出从用人制度到招生计划，从教育结构到毕业生分配等方面，明显不同于计划经济体制下的高等教育办学体制。比如，在用人制度方面，温州大学打破教师"铁饭碗""大锅饭"，推行依据教师能力和专业水平的高低分发不同任务要求的聘任制。对于校外聘任的教师，保持原有编制，双方签订合同，合同期满，学校能够自主决定续用或辞退。对于教学行政及辅助部门人员编制的设置从精就简，能少不多。尽量减少这些部门的冗余人员，提升工作效率。温州大学的宣传部、统战部、纪委、学生部等部门的工作全由校办公室4个人兼任。相比于其他高校的事务科、教务处分别都有五六人负责运转，温州大学各科室仅安排2人。再如，温州大学实行计划内招生和计划外招生以及受委托招生三者并举。1984年，该校根据温州对外开放的实际和需要，在计划内招收了工业民用建筑和文秘专业两个班并举办了外贸经济、涉外法律等8个专业讲习班、培训班，共计培训900多名学生。1985年，又增设企业管理、食品加工、电子技术、外贸经济4个专业，计划内招生240名，同时增加五分之一的计划外名额。其中，计划内招生基本采用定向招生，对象是边远山区和贫困县以及集资县、集资单位的考生；计划外招生的对象主要是自费生。另外，温州大学在毕业生的分配制度上也打破"铁饭碗"，在教学制度上实行学分制。学生除学完规定的课程外，可以选修其他课程，达到规定的学分，可以提前毕业，达不到的需要重修。

## 教育部又审定我省三所职工大学

### 同时备案的还有五所高校办的函授部

【本报讯】继去年教育部批复了我省一批职工高等学校后，今年又有三所职工大学经教育部审定，五所全日制高等学校举办的函授部获教育部备案。

这些职工高等学校是：浙江省省级机关职工业余大学（专科）、绍兴职工大学（专科）、杭州广播电视工业公司职工大学（专科）、杭州大学函授部（本、专科）、温州师专函授部（专科）、绍兴师专函授部（专科）、嘉兴师专函授部（专科）、丽水师专函授部（专科）。到九月底止，我省已有职工大学、职工业余大学二十四所，全日制高等学校举办的夜大学五所，函授部七所。这些职工高等学校经批准、备案后毕业的一千三百多名毕业生已回到了原工作岗位，他们将把学到的知

识用于生产工作实践，为"四化"建设作出新的贡献。今秋经过省招生办公室统一招生考试，被录取的一千三百多名新生已跨进职工高等学校学习。

为了体现职工大学的特点，保证毕业生达到普通高等学校同类专业水平，从一九八三年度新生班次开始，我省各职工大学、职工业余大学的化工工艺专业、机械制造工艺及设备专业、工业电气自动化专业、工业与民用建筑专业将试行教育部颁发的教学计划，并要在重视基础课、加强技术基础课的主干课、学好专业课和进行理论教学的同时，加强实践性教学。职工大学、职工业余大学的学生在三年（或四年）学习期间，须参加省教育厅组织的四门基础课和技术基础课的统考。（王芰心）

关于教育部审定浙江省三所职工大学的报道（《浙江日报》1983年10月7日第1版）

温州大学的探索走在了全面改革开放以来浙江及全国高等教育面向经济建设主战场，进行管理体制改革的前列。1985年，《中共中央关于教育体制改革的决定》颁布之后，浙江省高校管理体制以及招生和毕业生就业制度陆续进行了类似于温州大学的改革。各高校在不同程度上开展了人事、分配制度等高校内部体制改革，制定了定编、定岗、定任务和检查评估制度，实行干部、教师聘任制和企业职工合同制；招生工作开始从计划向"非计划"方向发展，大胆实施计划外招生；毕业生就业制度从原先的单一分配形式，走向多样化。

## 大事记

**1984年** 新建的普通高等学校有浙江农业大学附属杭州农业专科学校、浙江财经学院、浙江水利水电专科学校、温州大学、绍兴高等专科学校、浙江省农村技术师范专科学校、嘉兴高等专科学校、浙江广播电视专科学校。另有浙江省政协主办的浙江树人大学和中华高等专科学校2所民办大学。

**1985年6月** 浙江省教育厅、财政厅联合发出通知，对高等学校的财政拨款试行"综合定额加专项经费"。定额经费的分配与在校学生人数的多少直接挂钩，学校有权按照"包干使用，超支不补，节余留用，自求平衡"的原则，统筹安排使用核定的年度教育事业费。

**1985年8月28日至31日** 浙江省教育工作会议在莫干山举行，学习与贯彻《中共中央关于教育体制改革的决定》。薛驹省长作题为《像抓经济工作一样抓好教育工作》的讲话。省教育厅厅长钟儒作题为《改革教育体制，更好地为社会主义建设服务》的工作报告。会议就本省实施九年制义务教育、发展职业技术教育、改革高等教育、加强师资队伍建设等问题分别进行了研究。

# 中等教育结构改革出现好势头

1985 年,《中共中央关于教育体制改革的决定》颁布后,浙江省中等教育结构发生了可喜的变化。在这一年,中专、技工学校、职业高中比去年增加了 7%,与普通高中的招生比例达到了 8：10。有些县市职业学校的招生数已与普通高中的招生数并驾齐驱。如普陀县在 1985 年秋的招生中,全县中等职业教育招生人数已与普通中学相等,达到了 1：1 的比例。

普陀县是舟山群岛的渔业重点县,每年为国家提供的水产品约占全国渔业总产量的二十分之一。改革开放之初,普陀县就为适应渔业发展的人才需求,调整中等教育结构,由教育局和水产局共同集资,联合创办了一所水产技术学校。这所职业学校,实行"哪来哪去,国家不包分配,区乡择优录用"的原则,由学校与各区签订合同,在应届毕业生中定向招生,定向培养,受到了各区乡的欢迎。此后,他们根据这所学校的成功经验,又先后办起了农业、渔业技术、机电、农机、财会等职业学校或职业班,开设了海洋捕捞、养殖、水产品制冷和渔船维修等 15 个专业。由于这些学校的人才培养与当地经济发展计划直接挂钩,需求对路,调动了多方面的办学积极性。这些学校的毕业生普遍受到了社会的欢迎。1984 年,水产技术学校捕捞专业的 24 名毕业生,有 20 人当上了船老大,有的还被渔民推为带头船的老大;其余

桐乡县芝村乡从农村经济发展的新形势出发，自筹资金创办职业中学，定向培养农村专业人才。图为新开设的缝纫专业班学生正在上课的情景（《浙江日报》1985年6月9日第1版）

也都成为生产骨干，活跃在一线。制冷专业的毕业生，不少已在各区乡的冷库、加工厂担任厂长、技术生产科长等职务。群众热情称赞他们"嫩竹扁担挑起了重担"。

在中等职业教育发展的大好势头中，各地集资和由企业出资办中专的热情尤为高涨。在1985年全省已有88所中等专业学校的基础上，这一年各地经审批创办的中专已有12所，还有一些正在筹建中。例如，台州地区拟集资600万元在椒江市筹办台州地区工业学校。金华地区准备集资100多万元在以"五匠"多而出名的东阳县创办一所城乡建筑学校。

也是在1985年，浙江省政府颁布了《关于加速发展中等专业教育若干问题的通知》，规定从1986年起对省属中等专业学校的事业经费，采取综合定额加专项拨款的办法，保证中专事业经费与教育事业同步增长。对设备购置等专项费用，省财政部门每年将根据需求给予一定补助。同时，也要求各主管部门积极挖掘自身财力，扶持所属学校。在这一政策的鼓励下，全省中等职业教育的规模在不断发展壮大的同时，专业建设和教学质量也得到了不断的提升。贴近地方经济，打造专业特色，校企结合，产教一体等改革得以落实，促成了全省高中阶段教育进入普通教育和职业技术教育比例恰当、协调发展的新阶段。

# 大事记

1985年3月　浙江省教育厅委托浙江省农村技术师范专科学校和一部分中等专业学校分工举办中等职业学校专业师资培训班，全省共培训984人，培训时间一般为一年，有的为半年。

1985年10月24日　浙江省劳动人事厅发出《关于技工学校调整整顿的实施意见》，要求各技工学校分别做到：定规模、定工种专业、定学制、定人员编制，明确培养目标；调整学校布局和工种专业设置；配备好学校领导班子；建设一支与学校规模和专业工种相适应的教师队伍；有相应的校舍和实习场所；有必要的教材和管理制度。

1986年3月31日至4月4日　南方八省二市职业技术教育协作会第二届年会在杭州举行。八省二市职教部门的领导和职业学校代表共84人出席。国家教育委员会职业教育司派员莅会指导。年会就如何巩固和发展农村职业教育问题进行了研讨。本省绍兴、萧山两县的代表在会上做了介绍，代表们参观了杭州市、绍兴市和萧山县的6所职业学校。

1986年12月27日至30日　浙江省教育委员会在奉化县召开全省农民职业技术教育现场会，奉化、上虞、缙云、德清、仙居、萧山、余杭7个县代表在会上介绍了经验。会议根据全国成人教育工作会议精神，提出农民教育要认真贯彻一改革、二发展的方针。

1987年2月　各类干部学校经批准举办的干部中专班，均纳入浙江省统一招生计划，并参加全省成人中专学校招生入学考试。

# 颁布《浙江省实行九年制义务教育条例》

在《中共中央关于教育体制改革的决定》提出"实行九年制义务教育，实行基础教育由地方负责、分级管理的原则"的一个月后，即 1985 年 6 月 13 日，浙江省第六届人民代表大会第三次会议审议通过了《浙江省实行九年制义务教育条例》（简称《条例》）。

会上，人大代表们认为，小学和初中教育是国民的基础教育，普及基础教育是现代文明的一个标志。这个教育抓得好坏，直接关系到民族素质的高低和我国社会主义现代化建设的成败。《条例》运用法律手段来保障适龄儿童和青少年受教育的权利，这对于加快

彭晓玲是浙江省岱山县岛斗中学数学教师、大衢岛上唯一的北京知青。1968 年，她到大衢岛插队，后被选送上了杭州大学。毕业后，她毅然放弃回北京的机会，又回到大衢岛从事教学工作。20 年来，她辛勤育苗，连年被评为优秀班主任。图为彭晓玲（左二）深入渔村宣传《义务教育法》的情景（《光明日报》1992 年 7 月 2 日第 2 版）

培养四化建设人才，开发智力，促进全省教育事业发展具有深远的意义。许多代表还指出，《条例》根据浙江省经济、文化发展不平衡的实际情况，要求"全省在1998年前普及小学义务教育"，"城市和经济发达地区，在1990年以前按质按量普及初中义务教育，其他地区在1995年左右普及初中阶段的普通教育或职业技术教育"。这一分期普及九年制义务教育的规划是必要和可行的。应该采取切实有效的措施，保证《条例》的贯彻实施，城市和经济发达、教育基础较好的地区，应抓紧按质按量普及初中教育；其他地区重点先抓好普及小学教育，积极为普及初中和职业技术教育创造条件。

**取消重点初中　不再择优保送**

# 杭州小学升初中实行就近入学

【本报讯】据杭州市委、市府4月5日新闻发布会消息，从今年起，杭州市改革初中招生办法，取消重点初中，不再择优保送。小学生毕业后，一律就近入学，划片分配到附近的初中学习。

划片分配，就近入学的具体办法是：以一所中学为招生单位，以小学为分配单位，相对就近分配。如某所中学周围的一所或几所小学的毕业生总数超过该中学招生计划时，则分别根据小学毕业生的户籍情况，按规定类序先后分配。小学毕业生非因搬家或其它特殊原因，于1986年底后单独迁户者，按原户籍分配；小学毕业生1986年底后非因搬家或其它特殊原因而转学者，按原所在小学分配。父母家庭搬迁，当时因组织原因没有转入户口

所在地小学就读的毕业生，这次如需调整学区，由家长提出申请，由区、市教育部门分配其到户口所在地的附近中学就读。

小学毕业生升入初中不再择优保送，可使小学生从片面追求升学率的压力下解脱出来，有利于学生的德、智、体、美、劳全面发展，也有利于减轻市区交通负荷量，减少交通事故。

（杭记）

关于杭州小学升初中实行就近入学的报道（《浙江日报》1988年4月6日第1版）

1986年4月，第六届全国人民代表大会第四次会议讨论通过并正式颁布的《中华人民共和国义务教育法》，将初中教育事业的发展纳入九年制义务教育的法制化轨道，要求"各省、自治区、直辖市根据本地区的经济、文化发展状况，确定推行义务教育的步骤"。为此，全省决定从1986年起不再设重点初级中学，并在已实施九年制义务教育的地区取消初中招生考试，小学毕业生一律就近划片直接升入初中。同时，作为实施九年制义务教育的配套措施，浙江省委、省政府对原有基础教育管理体制和投资体制进行了相应的改革。比如，在管理体制方面，遵循地方分级负责、分级管理的原则，将基础教育

的管理和负责权力进一步下放到县、乡一级政府。在教育经费管理体制方面，省财政直接负担省属义务教育阶段的教育经费，对省内各地的义务教育事业发展只给予专项资金的补贴，各地方政府负责和管理各地方所属的教育经费。在教育经费筹措体制方面，逐步建立多渠道筹措教育经费的机制。其中，自1985年4月开始对全省农村和乡镇企业征收的农村教育费附加，1986年7月开始对城市征收的教育费附加，弥补了因国家财力不足而造成的教育经费上的缺口，加快了普及义务教育的进程。

1989年，在地处浙南山区的贫困县——泰顺县，通过普及初等教育的验收之后，浙江省所有县（市、区）教育实现了基本普及初等教育的目标，且全省7—11岁学龄儿童入学率和在校生巩固率均超出国家和省规定的标准。到1991年年底，全省62.8%的乡镇普及了九年制义务教育。

## 大事记

1986年11月18日　中共浙江省委、省人民政府在杭州召开全省教育工作会议。浙江省教育委员会副主任谭祖根作题为《进一步搞好教育体制改革，更好地为浙江两个文明建设服务》的工作报告。会上，中共浙江省委、省人民政府等对浙江省教育委员会草拟的《农村初中、农村小学办学条件基本标准》《中等师范学校和全日制中小学教职工编制标准》《关于基础教育由地方负责、分级管理中若干问题的意见》《关于实施残疾儿童义务教育的若干意见》等文件初稿进行了讨论和修改。

# 征收教育费附加

　　1984 年 12 月 13 日，国务院发出《关于筹措农村学校办学经费的通知》，指出：发展教育事业，是关系到我国经济振兴的大事，各级人民政府应当予以高度重视。但是，目前农村学校办学条件差，办学经费不足，中小学教师待遇偏低，严重影响了农村教育事业的发展。必须在逐年增加国家对教育基本建设投资和教育事业费的同时，充分调动农村集体经济组织和其他各种社会力量办学的积极性，开辟多渠道筹措农村学校办学经费。除国家拨给的教育事业费外，乡人民政府可以征收教育事业费附加，并鼓励社会各方面和个人自愿投资在农村办学。这些经费，要实行专款专用，任何部门和单位不得挪用和平调。乡人民政府征收教

### 热心教育的税收员

在余姚县，有许多热心教育的"局外人"，明伟乡税收员张福仁就是其中之一。

张福仁全家户口在余姚镇上，子女也不在明伟乡读书。可是他对乡里的教育事业很关心。今年四月，乡里开会落实教育经费附加方案，有人对新办的明伟中学的经费计划想不通："去年花十多万元造了教学大楼，厨房、厕所能不能级一级？"张福仁听后耐不住了，他大声说："厨房、厕所是学校的配套设备，怎么能级？"他想起五月的一个星期日，去这所学校看到的现状，原来就很响的嗓子又提高了一个音节："这所学校校舍是不错，但学校设施没有配套，学校应当是文明单位，叫男女中学生去用简易厕所不象话。至于经费不足，我愿意去筹集。"张福仁有理有据的一席话，使原先反对的同志也服了，经费很快落实了。

税收工作，每月一次。明伟乡有十七个村，四十多个企业。张福仁原来的工作就很忙。承担征收教育经费附加，他的工作量又增加了许多。他对全乡企业和个体户列了一张表，一个个按计划去访问。雁塘村有位厂长认为自己家里没人读书，教育经费与他不搭界。张福仁耐心地开导说："发展教育是长远的事，你子女大了，以后孙子孙女也要受教育。"老厂长一听有理，答应按月交款。张福仁心里明白，要收款，先得帮助企业发展生产，增加收入。今年以来，他为东风西服厂搞原料，请师傅；帮助铝制品厂加强经营管理；还帮助许多厂落实了发展资金。终于，他用自己的行动，赢得了企业领导和广大群众对他的信任，征收教育经费工作也进展顺利。截止六月底，明伟乡已筹措教育经费一万五千多元。(蔡景富)

关于热心教育的税收员张福仁的报道（《光明日报》1992 年 7 月 2 日第 2 版）

育事业费附加，对农业、乡镇企业都要征收。可以按销售收入或其他适当办法计征，但不要按人头、地亩计征。这项附加收入要取之于乡，用之于乡。1985年4月，浙江省人民政府下达了贯彻这一通知的实施意见，开始了对农业和乡镇企业征收农村教育费附加。

1986年4月28日，国务院发布《征收教育费附加的暂行规定》，决定从本年度7月1日起，凡缴纳产品税、增值税、营业税的单位和个人，除按照国务院《关于筹措农村学校办学经费的通知》的规定，缴纳农村教育事业费附加的单位外，都应当缴纳教育费附加。同时指出，教育费附加以各单位和个人实际缴纳的产品税、增值税、营业税的税额为计征依据，教育费附加率为1%，分别与产品税、增值税、营业税同时缴纳。教育费附加的征收管理，按照产品税、增值税、营业税的有关规定办理。《征收教育费附加的暂行规定》强调地方征收的教育费附加，按专项资金管理，由教育部门统筹安排，提出分配方案，与同级财政部门商定后，用于改善中小学教学设施和办学条件，不得用于职工福利和奖金发放。从此，浙江省开始对城市和农村征收教育费附加。

农村教育费附加和城市教育费附加的征收，使各级政府征收用于教育的税费大幅度增长。教育费附加成为多渠道筹措教育经费的可靠来源，对于解决国家教育经费不足问题发挥了重大作用。1985年全省教育费附加共计3972万元，1986年达到9276万元，1987年达到了1.23亿元，且此后教育费附加的计征率虽然有所变动，但征收总额一直保持增长。到2000年仅农村教育费附加就达到了7.94亿元。

## 大事记

1986年7月7日　浙江省财政厅、教育委员会联合发出《关于贯彻执行国务院〈征收教育费附加的暂行规定〉的通知》。通知规定除按浙江省人民政府原规定的范围和办法征收教育费附加外，其余凡缴纳产品税、增值税、营业税的单位和个人，都应按实际缴纳税额的1%作为教育费附加。

1988年8月19日　浙江省教育委员会、物价局、财政厅联合发出《关于调整中小学收费标准的通知》，规定凡实施义务教育的地方，小学、初中均免收学费，只收杂费。杂费可在原有基础上适当上浮，但上浮幅度不得超过50%。高中属非义务教育阶段，学杂费标准调整为每生每学期30～40元，其中学费为15～25元。

# 分级办学、分级管理

地处余姚四明山区的洪山乡，近年来群众办学劲头越来越足。图为群众集资办起来的蒋岙村校新校舍（《浙江日报》1985年7月27日第1版）

　　全面改革开放以来农村经济的快速发展，不仅为农村基础教育的发展创造了条件，也对改革教育管理体制提出了新的要求。1983年11月召开的浙江省教育工作会议提出了"发展教育，要实行分级负责"的思路，并于第二年在桐乡、富阳、余姚等县试行分级办学、分级管理试点。之后，在总结试点经验的基础上，制定了《浙江省教育事业领导管理体制的暂行规定》（以下简称《规定》），对各级政府在教育人事、财务和日常工作方面的管理权限做了具体规定。1985年1月，《规定》筹划的分级办学、分级管理体制首先在嘉兴市试行。到6月，就在全市全面推开，嘉兴成为浙江省第一个实现这项改革的先进市，形成了社会各界齐心支持办学的好势头。比如，各级政府的办学和管理职责更加明确，责任心更强；办学经费得以增加，办学条件得到改善。桐乡、平湖等县拨出专款兴修教师住房和校舍。比较贫困的海宁县谈桥乡 1985 年也已集资 20 多万元，开始修建校舍；尊师重教蔚然成风，许多乡村做出了尊师规定，并以优厚的待遇招聘教师，鼓励其在本乡安心工作。

《中共中央关于教育体制改革的决定》自 1985 年 5 月公布后，浙江省委、省政府于 7 月召开省教育工作会议，强调要把发展基础教育的责任落实到地方，下发了《关于贯彻〈中共中央关于教育体制改革的决定〉的若干意见》，具体落实教育管理体制改革工作。到 1985 年年底，全省 98% 的县（市、区）实行了分级办学、分级管理，县、乡（镇）两级管理，县、乡（镇）、村三级管理和县、区（县派出机构）、乡（镇）分工管理三类农村教育管理体制逐步得以形成。

分级办学、分级管理的教育体制改革，加强了各级政府对教育的领导责任，促进了基础教育发展措施在实处的落实，对于解决筹措教育经费这一教育体制改革的"重点工程"问题发挥了重要作用。例如，余姚县的 70 个乡镇在 1985 年全面落实分级办基础教育的措施后，筹措教育费附加总额达到 396 万元，相当于这一年度国家拨给该县教育经费的 50%。同时，该县还从地方财政中拨出 2 万元专款补助贫困地区办教育，拨出 15 万元用于修建校舍危房。这一年的 6 月，该县县委还增拨了 30 万元的教育经费。

另外，实行分级办学、分级管理的体制后，农村教师的积极性和自觉性明显提高。广大农村干部和农民群众，把教师的工作同自己

**仙居县府与各乡镇干部签订分级办学责任书**

本报讯 通讯员邓威、记者叶辉报道：浙江省仙居县政府 1989 年与全县 41 个区、乡、镇干部签订的分级办学责任书的完成情况最近通过了验收，各级干部均已较好地完成了责任书规定的 7 项内容。

仙居县自 1985 年实行分级办学之后，群众办学热情有所提高。但由于分级办学的职责不明确，教育在不少区、乡、镇干部心中没有地位，属于可抓可不抓的工作。

针对这一情况，去年春，该县政府决定以责任书的形式与干部签订协议，把抓教育作为考核干部政绩的重要内容。责任书规定了 7 项内容，消灭危房，实现一无二有，保证四率，撤并盲目发展的村级小学数，扶持或兴办校办企业，做好教育费附加征收工作等等。要求 1990 年春进行考核验收，进行评奖。

验收结果表明，全县 35000 多平方米危房已基本排除，征收教育费附加和集资 390 万元，为历史上最高的一年，新办校办厂 8 个，撤并 112 所无效益的小学，小学四率达到和超过省定标准。

关于仙居县政府与各乡镇干部签订分级办学责任书的报道（《光明日报》1990 年 3 月 15 日第 2 版）

子女的前途联系在一起，把子女成才的希望寄托在教师的身上，把教师看成"自己人"。多年来拖欠民办教师报酬的乡、村，改革后不久就全部还清了。民办教师的报酬普遍提高，连公办教师的许多福利待遇也随之提高了。"现在我们是外有压力，内有动力，自己也得逼着自己好好干了"是教师们的共同感慨；"过去我们有不少工作没人干，现在是人人都在抢工作干"成为教育局及校领导的喜悦之言。

## 大事记

1984年12月16日至18日　浙江省教育厅在桐乡县召开农村教育体制改革座谈会，会议听取了桐乡、富阳、余姚等县进行农村教育体制改革，将农村中小学下放到乡村去办的试点经验，研究了分级办学、分级管理农村教育的职责范围，并要求进一步扩大改革试验点。

1984年12月21日　浙江省人民政府颁发《浙江省教育事业领导管理体制的暂行规定》，对各级各类学校实行分级管理的体制、学校校长的任免、学校的基建投资和事业经费以及学校的计划管理、学校的教学业务指导和督促检查等问题，分别做出了规定。

1987年11月25日　浙江省人民政府办公厅批转省教育委员会、省财政厅《关于基础教育实行分级办学、分级管理若干问题的意见》，要求各市、县政府在考核乡镇政府及其主要领导干部的工作时，把发展基础教育作为一项重要考核内容。

# "一无两有"和"六配套"的实现

我国农村基础教育实施"分级办学、分级管理"之前，在乡（镇）一级干部眼里，"办学"都是"政府的事"，和乡（镇）没什么直接关系。村干部想办好村里的学校，但限于体制等原因，无法发挥村一级的能力。改革后，省级政府主要负责省属高校、中小学的经费，给予地方学校一定补助；县一级主要负责办普通高中、职高、师范、实验小学等，乡镇

## 省教委召开幼教工作座谈会强调
## 搞好分级管理　提高保教质量

【本报讯】省教委于5月中旬在余杭县召开了幼儿教育工作座谈会。全省各市（地）及部分县负责幼教的行政干部、教研员近50人参加了会议。省教委副主任丁可也到会讲了话。

会议充分肯定了近几年来全省幼教事业取得的成绩。4～6岁幼儿入园率已从1986年的38.8％提高到1991年的49.25％；省内3所幼儿师范及各地的教师进修学校、职业学校的幼师班每年有近2000名毕业生充实到各类幼儿园；幼儿教师的合格率由1986年的8.9％提高到1991年的38.1％，在改善办园条件方面，各地通过多种渠道在资金上有了较大投入。如萧山市，近两年来投资103万元，修建、改建了乡（镇）中心幼儿园。全省各地加强了对幼教事业的管理，不少县（市、区）政府已将发展幼教事业作为对乡（镇）政府考核的一个重要内容。

丁可也强调，幼教事业要发展，一定要继续搞好分级管理，要多种形式多种渠道办园，办好集体园和个体园；要根据经济发展水平做好幼教发展规划，按照《幼儿园管理条例》和《幼儿园工作规程》（试行），切实提高保教质量。

（李运庆）

关于浙江省教委召开幼教工作座谈会强调搞好分级管理、提高保教质量的报道（《浙江教育报》1992年5月28日第1版）

一级负责办幼儿园、小学、中学等，村一级负责办幼儿园、小学等。乡镇、村各级都有了直接的责任和义务，同时，还有利于调动他们办学的积极性和创造力。各地可以根据自身经济发展等情况，制订符合本地现状的教育方针，如可以增加相应的职业技术教育等。各乡镇人民对本地区的教育比较热心，之前没机会，现

在可以为本地区教育出钱出力。这都是新体制可以释放出的活力。

1984 年，桐乡被选为 3 个"分级办学、分级管理"试点之一。桐乡县委、县政府反复调研，确定了"以经济带动教育，以教育促进经济"的发展方针，从改革教育体制和多渠道筹集办学资金入手。同年 7 月，桐乡青石乡开始实施"校长负责，教师聘任，工资浮动"改革，后扩展到 6 个乡。1985 年，嘉兴市开始实行"分级办学、分级管理"。桐乡出台《桐乡县中小学领导管理体制的暂行规定》，在全县农村教育中全面实行"地方负责、分级办学、分级管理"的新型办学体制。同年，浙江省人民政府发布《关于贯彻〈国务院关于筹措农村学校办学经费的通知〉的实施意见》，地方政府可以征收教育事业费附加，可以借助社会捐款、集资办学。在这个有利的条件下，桐乡县的农村基础教育改革走上了快车道。

关于桐乡县已全面完成破旧校舍改造任务的报道（《浙江教育报》1992 年 12 月 17 日第 1 版）

桐乡县的中小学危房问题，落在了各级乡镇领导干部头上。他们一改过去的态度，跟着县领导的步子，积极行动，充分利用征收教育费附加和集资办学的方法，筹得了资金。1989 年，全县中小学的危房全部改造完成。桐乡县"乘胜追击"，继续推进改善破旧校舍工作。领导干部带头捐款，群众积极响应，踊跃捐资，1780 余万元的校舍改造经费得以顺利解决。这使得全县中小学校舍迅速实现了"一无两有"（校校无危房，班班有教室，学生人人有课桌凳）和"六配套"（校门、围墙、水井、旗杆、厕所、操场配套设施齐全）的要求。

在这之前，1985 年，桐乡县基本扫除了青壮年文盲；1988 年，全县普及了九年义务教育。至此，"茅盾故乡文盲多"和"最差的房子是学校"都成了过去时。"分级办学、分级管理"的新型管理体制充分调动了乡镇一级的积极性和创造性，极大提高了桐乡县和浙江其他地区的农村基础教育发展水平。

浙江温州也是教育分级管理体制改革的受益者。1984 年，龙港镇建校时，县政府只能拿出 10 万元建校资金，连征地都不够。镇里通过集资，第一年就筹集了 175 万元，顺利建起一所幼儿园、两所小学和一所中学。1986 年，金乡区政府预估全区一年最多能建 70 间教室，所以决定拿出 7 万元，补贴全区每一所新建校舍 1000 元，以促进社会力量办学。结

**政府统筹　分级管理　分步到位**

**诸暨中小学实验室建设达省定"奖配"标准**

【本报讯】诸暨市把加快中小学实验室建设当作深化教育改革的重要任务列入政府工作议程，通过"三抓三普"落实职责，至今已基本实现省定"奖配"目标。

该市实验室建设的总体方针是：抓统筹规划，抓乡镇"奖配"，抓质量效益，管政策导向，管经费筹措，管考核评比。在建设过程中，分管市长和教育局领导重在抓政策导向，乡镇科教文卫办公室和教育经费管理委员会承担主要职责，落实规划，形成了市、乡镇、村三级管理网络。在教育经费紧缺的情况下，该市坚持"国家、集体、群众"

共同投资办实验室的路子。6 年来，市政府共拨 195.9 万元，地方和群众集资 130.5 万元。

该市现有实验用房 1.29 万平方米，仪器总值 560 万元，在按省定标准"奖配"中，全市 91 所初中，按 I 类配备的已有 11 所，II 类配备的 80 所，小学有 24 所按 I 类配备，129 所按 II 类配备，117 所按 I 类配备，580 所村小配备了低级数学箱，已全部实现省定奖配目标。

该市十分重视抓好实验开出率，现全市初中理化实验开出率已达 95%，生物 65%，小学自然实验开出率 88%。

（朝阳 秦炜 贤灿）

关于诸暨中小学实验室建设达省定"奖配"标准的报道
（《浙江教育报》1992 年 11 月 15 日第 2 版）

果群众办学热情高涨，一共集资 500 多万元，一年内建起 131 间教室。

群众的办学热情高涨，借助社会力量，多渠道筹集办学资金，成为浙江省农村基础教育发展的重要动力。1985 年，浙江全省实现了"分级办学、分级管理"体制的县、市、区已达到 98%。到 1990 年，全省教育预算外经费占比 33.87%，这些来自社会的资金，有力支持了全省各地市农村基础教育的发展。

## 大事记

1983年　浙江省人民政府发布了《关于地方财力用于教育事业和集资办学的若干规定》等文件，提出"发展教育，要实行分级负

责"及集资办学的想法。

1985年　《中共中央关于教育体制改革的决定》规定："实现九年制义务教育，实行基础教育由地方负责、分级管理的原则，是发展我国教育事业、改革我国教育体制的基础一环。""基础教育管理权属于地方。除大政方针和宏观规划由中央决定外，具体政策、制度、计划的制定和实施，以及对学校的领导、管理和检查，责任和权力都交给地方。"

# 三教统筹

　　"分级办学、分级管理"的实施也为农村职业技术教育提供了发展机遇。文化知识教育与劳动技能、职业技术教育并重，成为农村教育改革的新重点。例如，金华市在普及九年义务教育的同时，职业技术教育的发展也进入了快车道。到1985年，全市各县（市）基本上做到了改办或新办一到两所城镇职业技术学校，每所完全中学附设一到两个职业班。其中磐安、永康在这一年的职业高中与普通高中招生比例达到了1∶1。兰溪市更是有60%以上的初中毕业生自愿填报职业技术学校（班）。再如，湖州市南浔镇浔溪学校实行成教、职教、普教统筹，为当地培养了大批初、中级技术人才，有力地推动了当地经济的发展。浙江省的领导同志认为：浔溪实行的这种"三教统筹"，是全省农村教育改革的方向。

　　"三教统筹"将职前和职后教育相结合，以成教、职教合流的方式，不仅培训农民，还组织回乡初、高中毕业生参加实用技术培训，形成了农科教相结合的农村教育新体系，并在1988年开始实施"燎原计划"后得到了进一步的完善和发展，全省各地出现了大批实施"三教统筹"的先进乡镇。

　　其中，上面提到的浔溪学校所在的北里乡，乡镇企业发达，但老百姓文化水平较低，传统落后的生产方式亟待改变，农民渴

## "燎原计划"已呈燎原之势

本报温江10月26日电 记者柳路报道：国家教委副主任王明达今天说，经国务院批准实施的"燎原计划"已呈燎原之势，全国有859个县，3326个乡实施了这项旨在推动科技兴农、大面积提高农村劳动者的素质，促进经济和社会发展的宏伟工程。这是他在第二次全国燎原计划与农村教育改革实验县工作会议的工作报告中透露的。会议于今天上午在成都温江县开幕。

关于经国务院批准实施的"燎原计划"已呈燎原之势的报道（《光明日报》1990年10月27日第1版）

望致富，却苦于无文化、无技术。虽然在1984年就有乡办企业36家，村办企业113家，但"技术靠退休，机器靠维修"的这些企业面临马上被淘汰的危险。2012名乡办企业职工中，有大专学历的仅1人，中专学历的2人；113家村办企业没有1名专业技术人员。1986年，北里乡与南浔镇合并，镇党委和镇政府趁此机会把北里乡成人教育中心和乡初中合并为"三教统筹"的浔溪学校，建立了由镇党、政、工、教等共同组成的校务委员会，组成了三教一体的领导班子，统一规划三教的人、财、物，发挥教育整体效益。他们将教育经费按各教所需"切块包干"，每次"切块"时可向特别困难的一方倾斜；将学校购置的大型教学设备录像机、录音机、计算机、大屏幕投影机等，互相调剂使用。校办厂、实验农场既是初中学生劳技课实习场地，又是职业班的实验基地；从初中调配了7名具有一定专业知识和技术的教师充实成人教育，而成教则选派4名教师教授普教初中的职教专业课。

浔溪学校的"三教统筹"改革实现了普、职、成三教在思想上的统一，组织上统管，经费上统筹，大大提高了农村教育的整体效益。"三教统筹"后，浔溪学校除办好"3＋1""2＋1"及成人业余技术培

## 成人职业技术教育遍及宁波农村
### 十多万农民受到技术培训

本报讯 据今年上半年统计，浙江省宁波市农村开办了二千六百九十所成人技术学校，遍及全市百分之九十八的乡镇。参加技术培训的农民达十二万一千七百余人，比去年同期增长百分之三十一点五。一至四月份，该市还举办了各种专业技术短期培训班一千二百零五期，培训青壮年劳力六万六千四百人次。

根据农村迫切需要培训适应产业结构变革的各种人才的情况，宁波市的农民成人教育也作了相应的改革。乡乡余农技学校从单一的水稻、棉花技术教育，发展到有水产、水果、蘑菇、企业管理等二十九个专业的技术教育。该市奉化县方桥镇乡于一九八一年开办业余农技学校，几年来，学员们种的责任田亩产高出全乡亩产的一成半。其中一百四十三名最近被评为宁波市农民教育先进集体。方桥镇乡去年自筹资金二万元，创办了浙江省第一个农民脱产"电大"班。该市高桥乡还举办了业余水产夜技校。学员通过业余水产技校学习后，推广了稻田养鱼新技术。 (胡审严)

关于成人职业技术教育遍及宁波农村的报道（《光明日报》1985年6月14日第2版）

训的特长班外，还办了广播电视中专班，该校广泛联系各行业各部门，长短结合，内外结合，实用技术、职业技术、岗位技术培训结合，多渠道多形式办学，使乡镇企业90%以上的干部职工得到了不同程度的技术培训，提高了工人的素质，培养了一大批企业急需人才。该镇第一电梯厂前一年新开发的28台"630"型电梯都是由经过培训的学员完成的。电梯厂300多名职工基本上都得到过培训，这个厂因此打入全国电梯行业市场。在农业上，该校举办水稻栽培、科学养蚕、淡水鱼养殖等培训班，并建立良种场、蚕桑基地、鱼苗基地，大力扶植养殖专业户。4年中，该校共办各类培训班150多期，学员多达6500余人次。全镇7000余农户，半数以上每家有1人受过培训。

## 大事记

1986年3月31日至4月4日　南方八省二市职业技术教育协作会第二届年会在杭州举行。八省二市职业教育部门的领导和职业学校代表共84人出席。国家教育委员会职业教育司派员莅会指导。年会就如何巩固和发展农村职业教育问题进行研讨。浙江省绍兴、萧山两县的代表在会上做了介绍，代表们参观了杭州市、绍兴市和萧山县的6所职业学校。

1989年5月23日　德清县、绍兴县被确定为全国百县农村教育综合改革实验县。本年，全省有98个县（市）实施"燎原计划"，建立示范乡164个。

# 实行高中证书会考制度

《光明日报》1990年1月24日头版头条报道浙江实行高中证书会考制度

浙江省是我国最早建立普通高中证书会考制度的省份之一。为了使高中教育有一个权威、科学的评价标准，克服片面追求升学率的倾向，1983年浙江省开始试点建立普通高中证书会考制度，1988年在全省推行。1989年下半年，国家教委和浙江省教委曾4次派人调查会考情况。其中，国家教委全面肯定了浙江的这一"突破性的重大改革"，并决定3年内在全国全部实行此法。

我国现行的高考制度是基本适合我国国情的，但其最大的弊病是片面地追求升学率。在这一倾向影响下，中学教学围着高考转，学生偏科严重，死记硬背成风，个性特长发展受到抑制，成绩不好的学生受到冷遇和歧视。由于高中考试往往针对高考出题，题目偏难，80%以上高考无望的学生视考试为畏途，在考试面前，尤其是在高考面前，他们是失败者。他们带着失败的痛苦走向社会。因此，把高考和中学教育的评价尺度分开就显得更加必要。

1988 年 2 月，浙江省教委在总结试点经验的基础上制定了《浙江省普通高中会考合格证书和高校考试制度改革试行方案》。证书会考将作为全面评估中学教育质量的依据。其目标是从克服现行高考制度弊端出发，为中学确立一套科学、权威的学科教学评价标准，通过评价、导向，促进中学端正教育思想，全面贯彻教育方针，纠正文科不学理、化、生，理科不学政、史、地的偏科现象，使每一个学生都成为成功者。

证书会考包括考试和考查两种形式，原则上采取单科结业的办法，学完一门考一门。考试科目为 9 门，考查为 6 门（包括实验），评卷用百分制，各学科向学生公布成绩则采用 ABCDE 五等的等级制，其中 E 为不及格。会考科目全部及格者获得"浙江省普通高中会考合格证书"。会考试卷由省里根据大纲要求出题，这一措施改变了以前高中毕业考试由各学校或地区出试卷、衡量高中学生没有统一标准的现状；同时，由省里统一颁发的证书也更具权威性，这一证书还可作为学生就业的依据。

浙江省从 1987 年秋招收的高一学生开始一律不分文理班。1988 年 6 月，全省 587 所普通中学的 96 076 名高一学生参加了首次历史会考。1989 年，19万名高中一、二年级学生考了史、地、生、化、数 5 门，同时进行了全省范围的首次化学、生物实验操作考查。据统计，全省 5 门学科的总平均分是80.01 分，及格率达 93.7%。而在全省会考成绩前 10 名的学校中，有 5 所中学是非重点中学。

国家教委对浙江的改革极为重视，朱开轩、柳斌两位副主任在听取浙江省教委的汇报后说，高考冲击中学教育是存在多年的历史性问题，也是许多国家普遍存在的世界性问题，这次改革如果成功，将有利于解决这个难题。

会考使许多提升升学率无望而又不得不为之奔忙的中学从困境中挣脱出来。东阳市千祥镇中学过去在高一新生进校便逐个筛选，重点培养；实行会考制度后，该校放下包袱，重视大多数学生，结果历史会考夺得全省第一名。绍兴县柯桥中学会考后学生感到负担轻了，9 门分 3 年考完，学生把精力转到爱好、特长上，兴趣小组如雨后春笋般冒出，小论文、小发明摆满了展览厅，领导和教师腾出精力对学生进行多方面引导，校园变得充满生机。许多中学已从片面追求升学率中挣脱出来，从原来的抓尖子促中间弃差生转变为抓差生促中间出尖子。历史、地理老师说：会考考出了学科地位，我们不再是可有可无的了。一些高考无望的学生也安心为会考做准备，并腾出精力学自己喜爱的东西，他们也感到有了希望。

# 成立人民教育基金会

  改革开放以来，我国教育投资体制的改革继承并发展了新中国成立初期提出的"两条腿走路"方针，教育经费的筹措除了依靠国家拨款之外，积极倡导多渠道集资办学。浙江省人民政府1983年11月颁发的《关于地方财力用于教育事业和集资办学的若干规定》和1985年转发的国务院《关于筹措农村学校办学经费的通知》都在明确教育经费筹措的政府责任外，要求各地发动厂矿企业、乡村社队，群策群力，集资办学。特别是进入20世纪80年代后，浙江乡镇企业和农村商品生产发展最为迅速，为集资办学、发展农村教育事业奠定了经济基础。

  1988年12月13日，浙江省五十多名各界人士在杭州聚会，向全省人民发出了建立浙江省人民教育基金会的倡议书，讨论通过了《浙江省人民教育基金章程》和捐款办法。省委书记薛驹为筹建中的基金会题词，并捐款1000元。省委副书记沈祖伦致函浙江省教育委员会，充分肯定了这一倡议的意义，个人捐款1000元。同时，这次聚会，有31个单位、24名个人向筹建中的基金会认捐，捐款总数达到了112万元。

  次日，浙江省人民政府批准，成立浙江人民教育基金会。各市（地）也分别成立了市（地）人民教育基金会。基金会通过向社会各界及其他方面募集资金，推动全社会关心和支持教育，促进浙江省教育事业的发展，促进浙江省在 2000 年全面实施九年制义务教育。

浙江省人民教育基金会 1988 年 12 月 14 日在杭州成立。薛驹、沈祖伦、铁瑛、商景才等同志出席（《浙江日报》1988 年 12 月 15 日第 1 版）

基金会一经成立就得到了社会各界的热心支持。成立不到一个月的时间里，浙江省社会各界人士和单位就向基金会认捐了 400 多万元，联系要求义演的剧团有 10 多个，争当义务宣传联络员的也有 10 多人。比如，浙江省交通厅从机关到各直属单位、从干部到职工，积极向基金会捐资逾 17 万元；浙江省经济技术协作办公室捐资 10 万元；1938 年，参加革命的浙江省政协原主席王家扬同志，主动拿出一家省吃俭用节约出来的 1 万元捐给了基金会……

《人民日报》在 1989 年 7 月 29 日报道了浙江省温岭县筹措人民教育基金的热烈场面。报道称温岭县在短短半个多月的时间里，就筹措了人民教育基金 89 万元，涌现出许多争相捐资的动人镜头。例如，在区级干部会上，县委组织工作组的 17 位同志带头捐款，县委副书记陈夏德、副县长郭坚宇慷慨解囊，各捐资 100 元，其他同志也纷纷捐资 20 元、30 元，一共捐资 560 元。再如，在党员干部会上，各乡镇的党员干部身先士卒，争先恐后捐款，全区有 130 多名党员干部捐款在 100 元以上。川北乡新南村 76 岁的老党员戴云章，捐出自己平时省吃俭用积蓄的 110 元，他说："我人老心还没老，办教育是件大事，这百把块钱虽派不上什么大用场，可也算表表我的一点心意。"上马乡盐南村党支部把上一年奖给支部目标管理先进的 1000 元奖金，全部捐出来，作为人民教育基金。南一村共产党员毛琪德，上午刚好要为父亲办理丧事，也赶去参加会议，并当场捐款 100 元。这个村 79 岁的老党员郑方林，村里每月补贴他 15 元生活费，他也捐款 100 元，并在会上说："这 100 元，是我平时卖柴、卖菜积蓄的，本想买块手表戴戴，现在党这么重视教育，我就把这 100 元用于办学。"

1988 年，国家教委一位负责同志在谈到建立人民教育基金制度时指出："从长远看，这可能是解决中小学教育经费的一个根本办法。每个公民都负有办好基础教育的责任和义务。因此，每个县、乡、村，都应考虑积极建立人民教育基金，使之逐步完善，并制定相应的法规。"浙江省及全国人民教育基金的实践证明，实行人民教育基金制度，对我国农村教育，特别是基础教育的健康发展，提供稳定的经费来源和合理流向，对推进我国农村教育体制的改革，加速教育地方化进程起到了积极促进作用。

## 大事记

1988年12月　浙江省人民政府批准，成立浙江人民教育基金会。各市（地）也分别成立了市（地）人民教育基金会。教育基金会的职责是向社会各界及其他方面募集资金，为发展浙江教育事业服务。

# 社会力量办学

关于实施《社会力量办学条例》的若干意见的报道（《浙江教育报》1997年12月17日第1版）

改革春风吹拂浙江大地，浙江省内人民群众要求接受教育的呼声日益高涨。而此时，浙江省教育发展却并不充分，难以满足人民群众的迫切需求。

在20世纪80年代前后，浙江省内有些地方财政教育经费吃紧，有的区县甚至无力发展教育。省内各阶段教育缺乏资金、校舍和教师的现象较为普遍。很多小学达不到"一无二有"（无危房，有教室、有课桌凳）的要求，"一个教师、两张桌子、三个年级、四个孩子"的现象较多。中等教育升学率较低，学生失学情况屡见不鲜。恢复高考后，省内高等教育资源不足，高等教育毛入学率低于全国平均水平，可以说，浙江的学生上个大学比其他省份要难。

面对这种情况，浙江省结合民间经济发展较迅速的地方特点，在中央精神的指导下，开始筹措集中社会力量办教育。在民间，人民群众也开始发挥自主创造性，以弥补公办教育的不足。1978 年，村民朱月娥在温州永嘉县桥下村创办了全省第一个家庭幼儿班，开了后来省内民办幼儿园的历史先河。同时，一批文化补习班在社会上遍地开花。

国家提出"广开学路，多方办学"的口号之后，浙江省民建和工商联于1979 年 4 月 1 日成立了杭州钱江业余学校，这是省内第一所由社会力量创办的学校。该校由 15 位年过花甲的民主党派人士捐资兴办，充分体现了社会力量办学的优势。该校涵盖成人中等和职业教育，鼎盛时期学生人数达 1 万余名，占整个杭州市社会力量办学的 20%。杭州钱江业余学校的办学成就也是有目共睹的，它曾连续 3 年获得全省职工教育先进集体，多年来获得了社会的广泛关注和好评。

这些民办学校，不要国家资金，无须国家提供校舍和教学人员，自筹经费、自主办学，掀开了浙江省民办教育的新篇章。只是，在这个阶段，省内的民办教育还处于发展初期，有着"小打小闹"的特点。

在 1982 年《中华人民共和国宪法》（以下简称《宪法》）颁布实施之后，各地民办教育如雨后春笋般涌现。《宪法》第十九条鼓励社会力量依法举办各种教育事业。在国家法律政策的鼓励和支持下，浙江省政府和民间积极响应，截至 1985 年，仅各民主党派开办的各类民办学校就有 88 所，惠及 10 万余人。

1984 年，中华高等专科学校、武林大学（1985 年改为浙江树人大学）、温州大学（1999 年改为公办）、浙江东海学院等一批民办高等学校相继成立，谱写了一曲曲浙江省借助社会力量办教育的嘹亮欢歌。

温州大学的建立也是浙江借助社会力量发展教育的典范。1984 年，温州成为全国进一步对外开放的 14 个城市之一，温州急需一所大学。温州市地方政府决定建立温州大学。1984 年 7 月，温州大学开始筹建，但建校资金不足，这让建校筹备组愁眉不展。温州市委、市政府给出的口号是："成立班子，挂出牌子，招聘教师，各方集资。"筹备组遂决定向社会集资。他们开创性地提出：凡是捐资三元钱，就会得到一张"温州大学三元券"作为纪念。

创办温州大学捐资纪念券——三元（万邦联主编《图述温州：千年古城今昔（下）》，中国民族摄影艺术出版社，2018，第59页）

这个创意得到了政府的支持。一方面，温州有较长的民间办学历史；另一方面，温州民间经济较活跃，民间资金相对充裕。另外，三元钱，也是当时普通人民群众可以拿得出的金额。在一系列举措下，温州市人民捐资热情高涨，各单位、各阶层的人民群众积极响应，甚至有的农民用卖了番茄、鸡蛋的钱来支持温州大学的建设。在外的温州籍人士、各地华侨、港澳台同胞全力支持家乡教育。最终，社会捐资所得占学校建设款项的65.74%。可以说，没有社会力量的支持，就没有温州大学的建立。温州大学的建立，探索出了一个社会集资、港澳台同胞捐资和政府投资"三资办学"的独特办学模式，这也是浙江省民办教育蓬勃发展的一面镜子。

类似借助社会力量办学的著名例子，还有采用了新的"国有民办"形式的温州中学、瑞安中学、乐清中学、浙江万里学院。温州师范、温州大学还开始招收"议价生""捐资生"，有效解决了学校教学和建设资金问题。

温州借助社会力量办学的经验和模

1984年，温州大学正式成立时的大门

式经《浙江教育报》《光明日报》《人民日报》等报道后在全国引起了热烈讨论。其实在此之前，国家已经尝试过这方面的试验。到了 1985 年，《中共中央关于教育体制改革的决定》明确提出"可以在国家计划外招收少数自费生"。温州借助社会力量办学的做法得到了国家的支持。

浙江人民在借助社会力量办学领域，充分发挥创造性思维，开创了属于浙江省的独特经验和模式。浙江省湖州市安吉县一个普通中学教师汤有祥创办了安吉县上墅私立高级中学，在国内的教育史上留下了属于自己的印迹；湖州市长兴县的"教育券"试验在全国最早实施；在台州市椒江区，书生中学是用"教育股份制"创办的；瑞安市有"教育凭证"等。上述都是借助社会力量办学的著名例子。

## 大事记

1985年5月　中共中央发布《关于教育体制改革的决定》，要求"地方要鼓励和指导国家企业、社会团体和个人办学"。

1993年2月　《中国教育改革和发展纲要》颁布，规定"改变政府包揽办学的格局，逐步建立以政府办学为主体、社会各界共同办学的体制"，"国家对社会团体和公民个人依法办学，采取积极鼓励、大力支持、正确引导、加强管理的方针"。

1997年10月　《社会力量办学条例》颁布，中国民办教育进入规范办学阶段。

2003年9月　《中华人民共和国民办教育促进法》实施，民办教育相关法规更为健全。

# 教育发展公司

平阳县职教中心（参仁：《平阳之变 —— 浙江省平阳县职业教育中心采访手记》，《职业技术教育》2004年第18期）

"教育发展公司"是我国教育改革过程中出现的一种助力教育发展的新兴事物。成立"教育发展公司"，可以借助企业的运营和市场化管理手段，多渠道、快速筹集办学资金，扩大办学规模，促进公办学校转制，实现教育的快速发展。这方面的典型案例是平阳县职业教育中心（以下简称"平阳县职教中心"）。

平阳县职教中心位于浙江省温州市平阳县。这所学校是我国第一所"民办公助"职业学校，它经由成立教育发展公司，成功扩大办学规模的改制之路成为全省教育改革的样板。

1997年，平阳县鳌江镇高级职业中学经过改革创新，由原来基础差、设备旧，仅有9个班的学校，发展成为平阳县职教中心。新的平阳县职教中心规划建设在鳌江镇，预计占地160亩，办学规模扩大到30个班，建设资金由平阳县政府和鳌江镇政府共同承担。迁建项目被列为省级重点工程，这是全县有史以来的第一个省重点工程。这对平阳县来说，是个巨大的荣誉。但政府无力结清建筑公司工程款，不得不考虑公办改民办，走民办学校发展之路。

改制消息一出，教师们的反对意见很大。"公办"学校，有"编制"，意味着稳定、安全。"民办"学校，意味着充满风险的未来。"改制"的动议被迫搁置，但现实很残酷。1999年年初，建筑公司要收回平阳县职教中心。校长徐定军下定决心，与其让别人收购学校，不如自己"收购"自己——成立一个"教育发展公司"，再由这个公司承办职教中心，学校由公办改为民办。公办学校发展资金受限，民办学校却可以不受制度限制，通过教育发展公司向银行贷款、社会融资等多渠道筹集学校建设资金。这所公办学校要想发展，就不得不改革，而改革制度是根本。借助社会力量办学，也是浙江省政府一直鼓励和支持的政策，平阳县政府也同意。平阳县职教中心最终"被动"地走上了改制之路。

关于平阳县职教中心"公改民"体制改革的报道（《浙江教育报》2004年7月8日第3版）

1999年5月，"温州创伟教育发展有限公司"正式成立。为把学校发展方向牢牢把握在自己手里，在资金构成上，平阳县职教中心全体教职工出资占比80%，社会各界出资占比20%。教职工一方面是学校的教师，另一方面还是公司的股东。这样就把教职工的切身利益和公司、学校的发展密切联系在一起。教师不再是"打工仔"，而是学校的股东，"主人翁"意识开始凸显。改制后的学校也不是完全的"民办"，而是"民办公助"。学校虽然改为"民办"，教职工的身份依然不变，仍旧享受国家公办学校编制和工资、福利待遇，这就解决了教职工的后顾之忧。学校可以享受县政府给予的各项优惠：政府投入的资金无息使用、政府提供的土地无息使用、部分校舍可借用……有了政府的"公助"，学校发展就有了重要的支持和保障。

"温州创伟教育发展有限公司"，听上去是一个以赚钱为目的的商业公司。那么，如何协调商业的逐利性和教育的公益性这对矛盾体？温州创伟教育发展有限公司做到了所有权和经营权的分离，保证了学校教育的相对独立性和公益性。在利润分配上，公司除了给股东们相应的合理回报外，会把主要所得投入教育，促使学校再发展，这就是"教育发展公司"的目的，也符合公司大多数股东——平阳县职教中心全体教职工的根本利益。以往在公办学校体制下，教职工难以真正做到"以学生为中心"，但是现在不同了。如果不"以学生为中心"，学生质量上不去，毕业后就业困难，得不到社会和企业的认可，学校发展就受影响，继而影响股东们的切身利益。"股东"和"教师"的双重身份，让这些教职工真正把提高学生能力作为根本。这样一来，学校上下的教育观念势必由"向政府负责"和"坐班"思想，向"为自己负责"和"员工"观念转变。学校也增加了相应的奖罚措施，在学校管理中引入企业的竞争意识和考勤管理，极大提高了教职工的工作积极性。学生可以选课、选择教师，也可以对教师的任教水平作出评价。这就从多个层面引入了市场化的思维和观念。学校改制的根本，就是制度和观念的转变。

平阳县职教中心在改制后，迅速筹集到2000万元资金，校园建设得以重新启动。占地1.1万平方米的综合大楼、图书馆、体育馆、科技楼……充满现代化气息的校园建设完成。学校全体员工也转变了思想观念，从之前的反对改制到现在团结一心谋发展，学校的精神面貌随之发生了根本改变。在这之后，学校发展迅速，取得的成就一个个接踵而来："浙江省优秀民办学校""浙江省示范性职业中学""浙江省一级重点职业学校""国家级重点高级职业中学""浙江省首批学分制试点学校""温州市文明学校""温州市教科研先进单位"等。学校改制取得的巨大成功，被视为教育改革的"平阳模式"。

学校的事迹被《浙江日报》《光明日报》《中国教育报》等多家重量级媒体报道。时任浙江省委书记习近平、中宣部部长刘云山、浙江省教育厅厅长侯靖方等领导多次莅临学校视察工作,高度肯定了学校所取得的成就。

从一所发展困难的公办学校,到改制成功、成为全省职业技术教育龙头学校,平阳县职教中心通过改制,组建"教育发展公司",走"民办公助"的路子,不但"救活"了自己,还成为全省乃至全国学校改制的样板。以"教育发展公司"的形式办学,可以将公办学校从发展困境中解脱出来。浙江省各教育单位从中得到启发,有的自行组建"教育发展公司",有的由政府出面组建,纷纷走上了教育改革之路。可以说,"教育发展公司"的改革形式为促进浙江省教育大发展做出了重要贡献。

## 大事记

1997年　平阳县职业教育中心成立。该校采用"教育发展公司"的办学改制之路,成为我国教育发展改革的一个重要样本。

1999年5月　"温州创伟教育发展有限公司"成立,承办平阳县职教中心。改制后的平阳县职教中心取得了巨大发展,在全国形成了巨大影响。

# "两基"工作

中央确定实施全面实现"两基"（基本普及九年义务教育，基本扫除青壮年文盲）以来，浙江省将"两基"工作作为教育工作的"重中之重"来抓，高度重视，周密部署。在全省的努力下，1997年，浙江省全面完成"两基"工作，并通过国家验收。浙江省提前3年完成"两基"工作，成为全国第三个完成该目标的省份，极大改善了省内人民群众的基础教育条件。

基本普及九年义务教育是"两基"工作的重点之一。早在1985年，浙江省就颁布并实施了《浙江省实现九年制义务教育条例》，这在全国是首创，也为《中华人民共和国教育法》的制定，提供了一定参考。

基本普及九年义务教育，首要问题是改造省内的中小学危房。出于各方面的原因，省内存在一定比例的小学危房、旧房，不能适应教学需要，因此，改造中小学校舍成为攻坚第一战。

以开化为例，靠着全县人民的艰苦奋斗，从1985年到1988年共投入教育基建资金900多万元，改造危房2.16万平方米，全县实现了"一无两有"的目标——"校校无危房，班班有教室，学生人人有课桌凳"。30%以上的学校是"六配套"学校。在开化，村里最好的房子一定是学校。浙江省人民政府将开化县"艰苦奋斗，勤俭办学"的精神总结为"开化精神"，在1989年将全省危房改造现场会放在开化县举办，并在全省推广"开化精神"。

开化县的努力极大振奋了全省改造中小学校舍的热情。"排危改旧"工作在全省如火如荼地展开。1988年，全省把这一年作为中小学危房改造年，各地主要领导亲自抓危房改造工作，这一年杭州、宁波、嘉兴等7个市62个县（市、区）基本排除危房。省政府充分依靠社会力量，多渠道筹集建设资金。社会各界也踊跃捐款捐物。全省修建校舍总投资8亿多元，其中社会融资占一半。在全省的努力下，1989年，全省中小学危房从1985年的130多万平方米，占比6.15%，下降到0.6%以下。全省中小学危房改造工作基本完成，实现了中央"一无两有"的要求。在接下来的5年时间内，浙江省继续推行"排危改旧"工作，全省危房比例下降到0.39%，破旧房屋比例下降到7.6%，到1995年，已基本完成中小学破旧校舍改造工作。全省小学生人均校舍面积居全国第七，中小学人均校舍面积均高于全国平均水平。

在中小学校舍"排危改旧"工作中，省政府调整了中小学办学规模，确立了"压缩普通高中，稳定初中规模，确保小学重点"的工作方针。经过调整，高中数量从2883所下降到621所，超龄生从20%下降到10%以下，小学教师队伍逐步稳定。"虚肿"的高中数量少了，政府便可以集中财力和精力建设

**开化改造破旧校舍居全省前列**

越穷越要增加对教育的投入

【本报讯】当年开化县勒紧裤带一鼓作气消除了中小学危房，曾被省政府誉为"开化精神"。如今他们在中小学破旧房改造方面又走在了全省前列。日前各区乡检查表明，破旧房改造已全部完成。

开化人民在1988年完成"排危"后，第二年又新建校舍15687平方米，改造破旧房23521平方米，实现了让师生们在最好的房子里教书念书的愿望。

这个九山半水半分田的开化，多少年来由于人才缺乏，丰富的自然资源没有得到充分开发利用，经济发展缓慢。开化县委、县政府清醒地认识到，越是穷，越要增加对教育的投入。这几年县政府对教育的投入每年以25%以上的幅度递增，占每年地方财政支出的25%左右。据统计，"七五"期间，开化在学校"房改"上总共投资1288．83万元。今年，县委、县府、县人大等经研究作出决定，从明年起国家干部每月为教育捐资2元，职工每月捐1元，一捐3年，这样全年可集资约30多万元。

在开化，增加对教育的投入不光是县领导这样做，而且成了各级干部和群众的自觉行动。东坑镇溪川南小学是一所三村联办小学，1989年三村干部到排危先进下山联小参观后说："无论怎么苦，也不能苦了孩子们。"三村投资14万多元，建起了有6个教室的新教学楼，另外改造了8个旧教室。村里还发动全体共产党员给学校做门窗修路，现在学校配齐了图书室、阅览室、仪器室、实验室、劳技课教室等，装备属全县第一流。毛坦镇有三所初中，全部造起了簇新的教学楼，当地排危花了97万多元，近几年又投入77万多元。更令人感动的是，霞山乡有一位村支书隐约知道自己得了癌症后，抱病参加建教义务劳动20多天。他的行动影响了全村干部群众，这个村目前已完成破旧校舍改造任务。

开化的干部群众对办教育表现了极大的热情，"七五"期间光是乡镇教育集资就1859.2万元。在实现"校校无危房、班班有教室、人人有课桌凳"的基础上，又有40%的学校达到"六配套"的规格。目前全县中小学校舍面积为313400平方米，师生人均6.26平方米，超过省政府规定标准。

（邵晓峰　马瑛瑛）

关于开化改造破旧校舍居全省前列的报道
（《浙江教育报》1991年11月24日第1版）

关于景宁县辞退220名代课教师的报道（《浙江教育报》1992年5月17日第3版）

小学，这为全面普及九年义务教育奠定了良好的基础。

"普九"工作，教师为重。教师的质量关乎小学教育发展的成败。在历史发展过程中，浙江省留存着大量代课教师、民办教师。这些教师待遇低、教学能力有待提高，教师队伍不甚稳定。据统计，全省民办教师约有17.5万人。小学专任教师14.6万人，学历不合格的近一半。提高教师水平成为"普九"需要攻克的又一个难关。

浙江省开始集中建设中小学教师队伍。按照"关、招、转、辞、退"的五字方针，省里从1978年起不再招民办教师，辞退民办教师7万余人，并把现有的民办教师想办法转为公办，有约8万人实现"民转公"。通过各种渠道提高学历的教师有2万余人。政府帮助偏远地区中小学教师解决住房问题，提高工资和评聘、晋升等待遇。经过调整，浙江省小学教师学历达标率为87.8%，初中教师学历达标率为87%，位列全国第三。1996年，浙江省成为无民办教师的省份，这在全国排第一。浙江省的中小学教师队伍水平得到了极大提升，从而极大提高了小学教育水平。

基本扫除青壮年文盲是"两基"工作的另一项重要任务。1988年，国家颁布《扫除文盲工作条例》，开始在全国扫除文盲。

青田县是浙江省内的重点贫困县，他们树立"治穷必须先治愚，脱贫必须先脱盲"的理念，扫盲工作卓有成效，产生了全国性的影响。1991年，受国家教委委托，青田县开始用《安子介现代千字文》做成人识字扫盲试验。

安子介是全国政协副主席、香港著名爱国人士，也是语言文字学家。他总结、提炼出现代常用中文汉字学习方法，编成了《安子介现代千字文》，发明了"劈文切字"法。顾名思义，"劈文切字"法就是将文字"劈开、切开"，从部首和基本语义出发，结合日常生活、生产用

## 安子介汉字学说与语文教学座谈会在杭召开

关于安子介汉字学说与语文教学座谈会在杭州召开的报道（《浙江教育报》1991年9月5日第3版）

语，用老百姓听得懂、好理解的话传授和解释文字，帮助扫除青壮年文盲。青田县在试验过程中，配套了各类手册和教案等材料，初步形成了新的扫盲教学体系。试验发现，《安子介现代千字文》和"劈文切字"法扫盲效果非常好，学员识字率达80%以上，巩固率高，学员学得快、不易忘，在日常生活中也用得上。青田县非盲率达到99.46%，巩固率100%，扫盲工作取得胜利。1996年，青田县被评为"全国扫盲工作先进县"，全国扫盲工作现场会在青田县召开，来自全国各地的相关人士来这里参观、学习。与此同时，浙江省及时推广"安子介识字教学法"。到1996年，全省基本完成扫除青壮年文盲工作，提前一年完成目标。

1997年，浙江省完成了"两基"工作，中小学教学条件得到了极大改善，基本扫除了青壮年文盲，极大提高了人民群众受教育的热情和主动性。浙江省提前3年完成"两基"，为2001年全国完成"两基"工作做出了重要贡献，起到了带头表率作用。

# 大事记

1985年　浙江省颁布实施《浙江省实行九年制义务教育条例》，在全省着手实施九年制义务教育，走在了全国前列。

1988年　国家颁布《扫除文盲工作条例》，开始在全国扫除文盲。

1997年　浙江省通过国家"两基"验收，提前3年实现预定目标。

2001年1月　中国基本普及九年义务教育和基本扫除青壮年文盲。

# 教育集团

　　改革开放后在国内教育领域出现了一种新的办学形式，这就是"教育集团"。这种新型办学方式，为浙江省教育的飞速发展提供了强有力的动力。

　　2002 年 4 月，浙江第一个职业教育集团——浙江服装教育集团成立。浙江服装教育集团于 2001 年开始筹建，2002 年获批建立。浙江服装教育集团以宁波服装职业技术学院为核心，包括宁波服装学校、平湖—平阳县技工学校、天台职业中专、福州市艺术设计学校、新安江职业学校等 8 所学校。浙江服装教育集团组建原则是"以师资为条件，以专业为纽带，以资金为保证"，以"以学养学，以研促学，以产兴学"为办学理念，将产学研结合。集团以董事会为最高决策机构，将省内外服装类相关职业教育学校和企业横向联系起来，将中等职业教育和高等职业教育连为一体，在职业教育领域形成一个颇具规模和影响力的教育集团。这样做可带来诸多好处：能够将职业教育与市场更紧密结合起来，形成产学研一体化。例如，集团依托宁波市本地和省内外著名服装类企业，展开合作办学。一些著名企业以办学资金或奖学金等形式，向浙江服装教育集团提供每年 10 万—20 万元不等的资金。还有一些企业向集团内学校捐赠流水线，帮助学生更好地开展实践、学习。学校内部建立了各专业实习基地，校外也有约 40 处实训基地。另外，学校积极与企业沟通专业设置和人才培养等方面的教学安排，在课程设置、企业技术人员参与指导教学等方面作出了重大改变。这种种措施，都有利于将课堂学习与企业发展、学校培养目标与市场需求紧密结合起来，从而大大提高服装类职业教育的质量、效率，以及浙江服装教育集团的社会声誉。集团化办学还有利于集团内部各学校间实现教育资源优势互补，资源相对匮乏的学校也能获得较优质的教育资源。大规模采购有利于降低成本，节约资源。集团化教育还有利于保障教育质量，产学研一体化使集团内部各企业生产的产品在市场上更具竞争力。该集团还在省内各城市设立"服装劳务管理中心"以服务社会。这种创新的办学方式，迅速获得了社会的高度认可。首届毕业生很快就被各大企业"瓜分"。一年后，集团理事单位已发展到 30 余家，发展势头良好。

宁波服装职业技术学院被浙江省教育厅作为重点对象扶持，浙江服装教育集团也成为浙江省教育厅首批批准成立的示范性教育集团。2002 年，浙江省将浙江服装教育集团、浙江大港教育集团、浙江旅游教育集团组建为省内首批航母级职业教育集团。2003 年，浙江服装教育集团成为全国首批通过"高职高专院校人才培养工作水平评估"的 26 所学校之一。

浙江服装教育集团还在国际化的道路上不断努力，2003 年与新加坡莱佛士拉萨尔学院集团合作成立了宁服莱佛士国际学院。该集团积极与日本杉野服饰大学、法国巴黎服装工会学院、韩国庆熙大学等国外著名服装院校合作，展现出走向国际化的雄心。2002 年前后，浙江涌现出的教育集团还有三江职业教育集团、宁波机电职业教育集团、浙江大港职业教育集团等。

在浙江教育领域，还有一个颇具知名度的教育集团——浙江省万里教育集团。从 1993 年创立，到 2002 年，浙江省万里教育集团已拥有宁波万里国际幼儿园、小学、中学、职业技术学院、中等专业学校、青少年社会实践基地、浙江万里学院，以及宁波万里出国留学中心等。浙江省万里教育集团涵盖了从学前到高等教育的各个学段，能够满足成人教育、职业教育和普通教育需求，这样的民办教育集团，当时在全国也是罕见的。

浙江省万里教育集团在国内教育界享有盛誉，与它改制了一所公办学校，成立浙江万里学院有关。1998年，浙江省教育厅把一所政府公办大学交给这个民办教育集团，探索改制之路。2002年，"浙江万里学院"成立，并被教育部定为高校办学机制改革试点单位，探索新型的高校管理方式和运营机制。浙江万里学院改制成功，成为全国第一所国有改制高校，其改制经验在全国推广。浙江万里学院的成功，引发了浙江省二级学院和高教园区建设的高潮，极大促进了浙江省高等教育观念的转变。2003年，浙江省万里教育集团又与英国诺丁汉大学合办宁波诺丁汉大学，成为国内高等教育领域中外合作办学试点单位。浙江省万里教育集团又一次走在了全国民办教育前列。

浙江万里学院

　　2002年，浙江省已拥有15个资产超过亿元的教育集团：浙江省万里教育集团、大红鹰教育集团、海亮教育集团、华茂教育集团……这些教育集团虽然数量只占民办学校的1.5%，资产却能占比25%，它们的办学质量均远高于浙江省民办教育平均水平。改革开放以来，在浙江教育的种种创新和探索中，"教育集团"成为其中具有革命性意义的创新形式。"教育集团"的贡献，深深留在了浙江教育乃至全国教育的历史上。

# 大事记

2001年　浙江省人民政府在《转发浙江省教育厅关于进一步拓宽教育融资渠道加快教育事业发展的意见》里提出："组建教育集团，扩大优质教育资源。"同年出台《关于加快中等职业教育发展的意见》，鼓励"职校和企业参与的职教集团"；出台《浙江省教育厅关于调整中等职业学校布局结构的意见》，积极支持"组建以省级重点职校为龙头的区域性职教集团"。

2002年　浙江省教育厅出台《关于组建职业教育集团的试行意见》，为"教育集团"指明了发展方向。

2005年　国务院颁布《关于大力发展职业教育的决定》，推动了全国职业教育集团的发展。

# 国有民办

在我国教育体制之中，"国有民办"是介于纯政府办学、纯民间办学之间的一种办学方式。这种办学方式出现的主要原因是公办体制无法满足教育快速发展的需求。"公办"的好处是稳定、有保障，缺点是办学经费来源方式单一，问题是经费不足；"民办"的好处是能迅速筹集办学资金，办学方式灵活，缺点是教育质量和持续性难以保证，办学易受资金来源主体影响。以"国有民办"形式办的学校，性质还是国有，办学方式采用民办，在经费、招生、干部任用等方面享有充分的自主权。"国有民办"正好结合了"公办"和"民办"各自的优点，同时可以尽量规避两者的缺点，因此成为教育大发展中一种比较受欢迎的新型办学方式。

20世纪90年代，浙江省办学体制改革进入"深水区"，开始探索多种体制办学的路子，"国有民办"成为其中特别受欢迎的一种办学方式。在此时期，杭州新世纪外国语学校尝试"国有民办"办学机制，并获得成功。浙江省委、省政府总结其成功经验并在全省推广。

杭州新世纪外国语学校的前身是杭州市三胜小学，在改制之前，这所学校的设备比较陈旧，校舍也急需改造、扩建，无法满足人民群众想上学的强烈愿望。地方政府教育经费短缺，无法提供三胜小学发展所需的足额经费。于是，杭州市上城区和学校领

1993年，黄瑞琳（左三）参加新世纪外国语小学开学典礼（中国民主建国会浙江省委员会、浙江省政协文史资料委员会编《浙江民建回忆录》，浙江人民出版社，2005，第139页）

导决定大胆革新，借助民间力量办学，暂时采用"公办民助"的形式办学。归侨眷属黄瑞琳女士出资5万元，用于学校建设。学校正式更名为"杭州新世纪外国语小学"。学校设备更新换代了，办学体制也发生了一些变化，学生的学费也比一般的公办学校要高。这所新制学校所作出的新的改革探索，引起了一部分人的强烈反对。有人斥之为"贵族学校"，他们认为学校高收费，有违我国社会主义体制下的教育公益性宗旨。还有人质疑办学体制问题——既然是"公办民助"，有"公办"性质，就应该按照公办学校收费标准收费，不能高收费。这所新建立的小学在诞生之际就面临"夭折"的风险。好在学校得到了省市领导的坚决支持，决定将该校办学体制改为"国有民办"，继续坚持改革创新。政府提供学校的土地、校舍，并委派干部、老师，学校的所有权属于国家，而办学者只有使用权。改制为"国有民办"之后，在运作方面，可以按照民办学校的规则收费。这样一来，所谓的"高收费"问题就得到了解决。上城区教育局垫付1300万元，用于学校基建。学校每年归还300万元。到1998年，杭州新世纪外国语小学已全部还完区教育局垫付资金。

1998年，该校从小学改为九年一贯制学校，更名为"杭州新世纪外国语学校"。杭州新世纪外国语学校的"国有民办"办学体制探索取得成功后，引起了省内外的关注。1999年，浙江省教育厅联合几家国家级新闻媒体，总结了杭州新世纪外国语学校的办学经验和成就，并将"国有民办"的办学机制推广到全省高中改革中。利用改革机制，提高薄弱高中办学质量，促进全省高中教育均衡发展，"国有民办"是一个很好的办法。

1998 年，杭州市开始施行公办高中改制试点，创办了源清中学。这是杭州市第一所"国有民办"性质的高中。2000 年，杭州第二中学开始探索新型办学体制改革，开启了老校办"国有民办"分校的发展模式。杭州第二中学是省级重点中学，多年来保持着名校的品牌效益。

杭州市源清中学（杭州市源清中学官网）

这一年，该校迁往滨江新校区，留在市区的老校区则以"校产国有、校长承办、经费自筹、教育管理自主"的原则开办"杭州第二中学分校"，性质为"国有民办"。两校实现资源共享，教师、校长等均来自本部。经过发展，杭州第二中学的校园面积由原来的不足 40 亩，发展到 400 多亩；固定资源由 5000 万元增长到 2 亿元。2005 年，杭州第二中学还与滨江区教育局以"国有民办"的形式合作办学，创设了江南实验学校。这种"名校＋新校"模式，使杭州第二中学实现了跨越式发展，大大增强了学校的品牌效应。杭州第二中学通过"国有民办"的改革措施，既扩大了办学规模，又同时提升了三所学校的办学质量；既改变了自身原有的单一办学体制，又

杭州第二中学（杭州第二中学官网）

满足了社会日益增长的教育需求，获得了政府和社会的一致好评。

整个浙江省出现的"国有民办"性质的高中还有很多，建校方法也多种多样。这一时期，涌现出嘉兴一中实验中学分校、改制后的金华三中、湖州市飞英高级中学、舟山南海学校等一批"国有民办"高中。各省市很多重点高中均参与了"国有民办"高中改制进程。

作为一种有效的改革方式，"国有民办"和其他改革措施一起极大地促进了浙江省高中教育的全面发展。到 2002 年，全省共招收高一新生 53.77 万人，比 1997 年提高了约 59%，其中近一半的高一新生入读优质高中。全省初升高入学率约为 84%，位居全国第四。浙江省的高中教育位居全国前列，实现了预期规划目标。


## 大事记

1982年　《中华人民共和国宪法》第十九条鼓励社会力量参与办学。各地开始探索多种形式办教育，一些新的办学形式，如"公办民助""国有民办"等陆续出现。

1983年11月10日　浙江省人民政府出台《关于地方财力用于教育事业和集资办学的若干规定》，允许、鼓励民间集资办学。

1985年4月　浙江省发布《关于贯彻〈国务院关于筹措农村学校办学经费的通知〉的实施意见》，提倡多种渠道筹措办学经费，鼓励政府和民间共同办学。

1985年5月27日　《中共中央关于教育体制改革的决定》出台，允许并鼓励新型办学体制，推动了教育体制改革。

1998年12月31日　浙江省人民政府颁布《关于鼓励社会力量参与办学的若干规定》，鼓励社会力量以各种形式办学。

1999年　浙江省教育厅出台《关于基本普及高中阶段教育的若干意见》："鼓励以省示范性普通高中和省级重点职业技术学校为龙头，组建教育集团，或采取多种形式与其他学校、社会力量联合办学，或依托示范学校兴办独立设置的民办学校。"

2001年 浙江省人民政府发布《关于加快基础教育改革与发展的决定》："公办重点高中可利用社会力量和银行贷款，新办按民办机制运行的学校，以扩大优质教育资源。可以优秀学校为龙头，组建跨地区、跨类别学校的教育集团，通过资产和人员重组，改造薄弱学校，提高教育质量和办学效益。"

# 素质教育

浙江省从 20 世纪 80 年代开始就做了一系列的工作，为全面推行素质教育打下了坚实的基础。

1981 年，浙江省教委就开始严格控制留级、复读，禁止高考复习班等重复教育。从 20 世纪 80 年代中期开始，省教委规定，凡是普及了九年义务教育的地方，取消小升初考试，小升初一律采用"划片入学"的方式，取消重点小学和重点初中，取消全县统考。1988 年，浙江省推行普通高中证书会考制度，成为全国第一个实施此制度的省份。另外，浙江省还不断改革义务教育课程教材。新教材旨在减轻学生负担，提高学生素质。1993 年在全省推广使用新教材。在这期间，浙江省不断展开各种教育实验，探索素质教育改革的新路径。1997 年，浙江省通过"两基"工作验收。全省在"两基"工作后，又设定了一个新的目标——全面推进"素质教育"。

在推行素质教育的过程中，浙江省推出各种政策和保障措施，包括：严格管控义务教育阶段办学行为，禁止假期补课，清理市场课外辅导资料，大力推行"轻负高质"的素质教育；改革初升高考试制度，中考成绩中增加素质特长测试；改革成绩评价体系，以等级制代替分数百分制，鼓励学生创新、注重能力培养；创建一批素质教育实验市、县，创建一批教育强县，提出"创建教育强县，全面推进素质教育"的口号；在全省开展"扶贫建校""教育扶贫工程"等活动，逐渐消除薄弱学校；加强相关实验和研究，紧密结合理论和实践……这些政策、措施有效改变了传统的重知识传授轻

关于新昌中学承接国家"九五"重点研究课题的报道（《浙江教育报》1997年7月23日第1版）

能力和道德培养、重考试升学轻全面发展等教育观念，省内中小学各项指标位居全国前列，形成了各地学校办学多样化的特色。著名的新昌中学是注重创造发明的榜样，该校学生发明的"两用柔性栏架"通过了部级新产品鉴定，这在全国是首例。此后，该校学生发明创造数万件，屡次获得国际发明奖和全国级奖项。新昌中学也被评为"创造发明先进集体""中国发明协会试点学校""浙江省青少年创造发明学校"等，展现出了素质教育的优越性和强大活力。

另外，杭州四中的基础道德教育、南浔中学的"选科—学分制"、盘溪中学的"二一分段、高三分流"等素质教育模式均比较有特色。宁波北仑区、上虞市、温州鹿城区等地均取得了区域性素质教育的丰硕成果。

21世纪需要高素质、能力强的人才，传统的"应试教育"培养模式已经不再适应新的时代和形势。推行素质教育，培养具有创新意识和实践能力、全面发展的现代化人才是21世纪教育的重要目标。浙江省在党中央、国务院教育改革方针政策的指引下，改革传统教育观念，更新教育方式，迈出了素质教育改革的坚实步伐。浙江省的素质教育走在了全国前列，取得了一系列

令人瞩目的成绩，也积累了一定的经验。高举改革开放旗帜，持续不断地深化教育改革，浙江省的素质教育必将结出更多硕果。


## 大事记

1997年　国家教委颁布《关于当前积极推进中小学实施素质教育的若干意见》，推进素质教育区域性探索。

1997年　浙江省人民政府先后发布《关于全面贯彻教育方针推进素质教育的通知》和《关于全面推进中小学素质教育的若干意见》，在全省推行素质教育。

1999年　国务院出台《面向21世纪教育振兴行动计划》《关于深化教育改革全面推进素质教育的决定》，在全国范围内整体推进素质教育。

2001年　教育部颁发《基础教育课程改革纲要（试行）》，以素质教育理念为核心的中小学课程改革由此展开。

# 柯桥实验

从 1987 年开始，浙江省绍兴县柯桥区开始了一场闻名全国的"柯桥实验"。其宗旨是将农村基础教育从片面追求分数、考试和升学的僵化思维中解脱出来，将教育朝着培养"人"和"社会化"方向转变。这样培养出来的学生，毕业后能适应社会、服务社会，更能有效促进农村社会经济发展。

关于全国教育科学"八五"规划国家教委级重点研究项目第二轮柯桥教育实验研究成果通过鉴定的报道（《浙江教育报》1996 年 4 月 24 日第 1 版）

新的经济形势对社会主义新农村教育提出了新的时代要求。此时的柯桥，经济比较发达，但基础教育面临着一系列的问题，这也是中国未来农村教育面临的问题。因此，柯桥区的问题和基础教育探索实验，在全省、全国均很有代表性。

此时柯桥区的农村基础教育存在着许多矛盾，有些矛盾还很尖锐。柯桥区做过一个跟踪调查，调查1982年到1987年毕业的所有初中生对农村的态度和他们的能力，结果令人吃惊。这些初中毕业生中出现了很多对农村生产、生活不适应甚至"厌农"的现象。学生对踏入社会有抵触情绪，社会对基础教育意见很大，要求改革的呼声很高。学生对学校生活也很不满，"厌学"现象比较严重。这突出反映在"流生"问题上。据统计，整个浙江省年均流生率为8.3%。浙江省中小学流生中，有30%退学、休学的原因是成绩不好或学习困难。学校教育中唯分数论、唯升学论，学生不爱学、压力大。初三学生有"六出六进"现象——早上六点出家门，下午六点进家门，周末还要补课。初一、初二每学期要做三四十张模拟试卷，初三一个学期要做完240张复习试卷。据原绍兴县柯桥区一学校校长何兴元介绍："在教改实验前，经常有逃学的。有的学生跑到几十里外的亲戚家躲起来，不来上学。枯燥、单调的学习生活对学生不仅缺乏吸引力，还极大地限制了学生个性的发展。中小学生的大量流失，严重妨碍了义务教育的实施，更谈不上保证义务教育的质量。"部分学生甚至采取极端手段逃避上学，对他们而言，"上学"与"厌学"的矛盾极为尖锐。这让人不得不思考：我们的教育到底怎么了？

学校老师们对当下教育也有意见。在"唯分数论、唯升学率论"的观念指导下，教育领域"互不信任"风气很盛，唯恐分数不真实。即使如此"精心安排"，升学率却很难再有上升空间，甚至出现下滑迹象。周逸民介绍："到1987年暑假，我们开始发愁，感到措施无法再加码，升学率要下降，出现了危机感，感觉走进了'死胡同'。"很明显，传统的基础教育形式和观念遇到了从学生、老师到家长全方位的挑战。

国家教委和浙江省教委很快就意识到这个问题的严重性，三番五次要求改革。"柯桥实验"就在这个内外压力下被推出来了。

"柯桥实验"首先要改变的，是农村基础教育中的教育观念。传统的"以升学为目的"的教育观念，要变为"以培养人为目的"，用"素质教育"取代"应试教育"。

其次，在价值观念上，注重"平等"原则。在对待课程观念上，不再有"大三门小三门"的价值序列观念，而是认为所有课程都是等价的——这就是"柯桥实验"推崇的"等价原则"。新开的课程——"社会活动课"、体育、艺术类课程地位不亚于语、数、外。学校在完成国家规定的教学任务之外，可以兼顾学生的个性，优化组合一些学生感兴趣的课程，释放学生的天性和个性。通过"删、减、合、增、移"改革课程，减轻学生过重的学业压力，去除数理化中部分难度过大又不符合农村实际生活需要的教学内容。中小学课程减少了，学生负担轻了，以前的补课现象也消失了。学校还开设丰富多彩的课外兴趣小组、社团，以满足学生个性发展需要。实验区内兴趣小组有500多个，学生兴趣大增，有一半以上的学生参加。学生中获奖的也很多，柯岩中心小学获得过1990年全国"滕王阁杯"少儿书法大赛一、二、三等奖，极大提升了当地人的自豪感。

实验区推行的第三个观念是"开放"观念，增加学生接触社会的机会。开展"第二课堂"，举办诸如"今天我当家""参观乡政府""访问一个专业户"等活动，锻炼学生的社会化能力。学校还引进了职业技术教育。1991年，实验区不升学的初中生，有95%的人参加了"3+1"教育——3年初中加1个月的职业技术教育，包括纺织、农业技术、安全用电、自行车修理等。柯桥区初中与企业合作，开设了"机械制图班"，除学习基本文化知识外，学习机械制图等实用知识，为毕业后进入工厂做准备。这些毕业生很受企业欢迎。有的学校还会增加一些贴近农村生活和生产技能的训练，适时增加"爱农教育"方面的内容。例如，双梅初中要求毕业生掌握插秧、割稻技能，考试不及格不能毕业。适当地引入实用生产和生活技能，不仅能将学生的观念从"考试、升学"中解放出来，与"生活"这个大概念产生联系，还能全方位激发学生的兴趣和能力，减轻学生对学校的抵触情绪。

课堂也向社会开放，学校专门请校外人员来听课。课堂内也互相开放，学生作业可以互评。学校建立家长委员会、学校董事会，与家长、教职工及时沟通，广泛听取社会意见，及时调整教学工作。

"柯桥实验"的成效是显著的。全实验区创造了很多"奇迹"。当年那些极力抵制上学的学生回到学校了，学校不再是"压力之源"，课程少了，考试负担轻了，兴趣小组和多彩课程多了，反倒成了"快乐学园"。实验区成为省内第一个无流生区。实验区甚至在"考试"方面有了更优秀的表现，全区中考合格率连续几年省内最高。全实验区历年中考合格率：1989 年为 35.12%，1993年为 39.6%，1994 年为 43.3%，1995 年为 50.8%。经过跟踪调查，升入柯桥区高级中学的学生对学校的评价反馈也都很好。这表明，"柯桥实验"获得了"教育"与"人"的双重胜利。"柯桥实验"两轮实验成果先后通过国家鉴定，并获得高度评价。

关于绍兴县柯桥区小学、初中生巩固率达 100% 的报道（《浙江教育报》1992 年 3 月 5 日第 2 版）

柯桥区的这些实验，不以形式改革为主，而是走进了观念改革的"深水区"。这次实验认为，教育的目的不只是考试，重点是培养"人"，以及在新时代"人"与"社会化"的融合。因此，实验区不以分数"论英雄"，而以培养"人"为目的，以全面促进人的"社会化"为目标，这就走进了"素质教育"的改革领域。"柯桥实验"为全省乃至全国农村基础教育改革提供了宝贵的参考经验，也由此在浙江教育史上留下了鲜明的印记。

# 大事记

　　**1987年**　国家教委开始在浙江省绍兴县柯桥区施行一场为期8年的农村区域教育实验，名为"基础教育与人的社会化——大面积提高农村基础教育质量的实验研究"，简称"柯桥实验"。整个"柯桥实验"从1987年9月开始到1995年7月结束，分为两轮。第一轮从1987年9月到1990年7月，其研究内容被列为全国教育科学"七五"规划重点研究项目；第二轮从1990年7月到1995年7月，其研究内容被列为全国教育科学"八五"规划重点研究项目。整个"柯桥实验"涉及柯桥区9个乡镇、约14万人。

# 高等职业技术教育大发展

20 世纪 80 年代，浙江省开始了高等职业技术教育发展的历史进程。在此时期，浙江省政府和联邦德国萨克森州合作办学，学习德国技术学院的办学经验，以培养高等应用型工程技术人才为办学目标，建立了杭州应用工程技术学院。这是浙江省较早开办专科教育的学校。1993 年，杭钢职工大学尝试开办高等职业技术教育。

浙江省内第一个普通高校开办高等职业技术教育的是浙江工业大学。学校下设 4 个学院，职业技术教育学院即为其一，是全国 50 个职业技术教育师资培训基地之一。1994 年，浙江工业大学根据"机电一体化"的思路，开设了机械电子工程、计算机及

浙江工业大学屏峰校区图书馆

应用两个专业，共招收 60 名高职学生。该年，包括浙江工业大学两个高职专业在内，全省一共招收了高职学生 460 人。总体来看，这个时期全省高职招生人数比较少，高职教育发展比较缓慢。有的学校对高等职业技术教育的发展未来持怀疑态度。高等职业技术教育的发展面临定位、生源、资金等各方面的困难。

1994 年，国家教委将发展高等职业教育作为高等教育发展的重点，并提出"三改一补"，作为发展高等职业教育的方针。"三改"即"改革现有独立设置的成人高校、职业大学和部分专科学校的办学模式，调整其培养目标来发展高等职业教育"。如果这样还不能满足需求，就需要"一补"，即"可在少数具有条件的重点中等专业学校改制或举办高职班作为发展高等职业教育的补充"。虽然国家在大力推行，但高等职业技术教育的发展还是遇到了很大阻力。这几种发展途径中，只有高等专科学校办高职班不用经过国家教委严格审批，但高等专科学校办高职班的意愿并不强烈。高等职业技术教育仍旧未能获得大发展。

1997 年，浙江省高等职业技术教育发生了转折。浙江省扩大了相关办学试点规模，在全省共招收高职学生 3096 人（不包括成人高校在校生，下同），同比增长 161%，是增长幅度最大的一年。这预示着高等职业技术教育发展将走上快车道。

1998 年，浙江省高等职业技术教育真正迎来了发展的春天。在这一年，教育部提出"三多一改"的方针。"三多"是多渠道、多规格、多模式发展高等职业技术教育；"一改"指教学改革，教育部把这一点列为重点。总的目标是，高等职业技术教育要真正办出特色。与"三改一补"政策相比，"多渠道"增加了允许普通高校以办二级学院（技术学院）的方式办高等职业技术教育。"多规格"指学历与非学历教育、学制长短都允许，专业范围可以有所变化。发展模式也可以灵活多样，公办、民办、公办民助、民办公助等新型运行机制都可以。另外，招生计划可以自己定，学费可以收高一点……这些都表明，国家要大力改革高等职业技术教育，办出特色的决心。

时代变了，高职院校不再由政府统包统办，浙江省各地出现了举办高职院校的热潮。1998 年，浙江省第一所独立设置的高等职业院校——金华职业技术学院，经教育部批准正式成立。这是一所民办高校，学校在建校之初就定下了"开门办学，社会办学"的宗旨，在办学思路上，开启了"订单培养""校企合作"等新型办学模式。在传统的公办体制下，学校与社会、市场很难结合得如此紧密。如果没有"三多一改"改革方针政策，就没有金华职业技术学院等一批高职院校的诞生。就在 1998 年一年时间里，全省有 13 所高校举办高等职业技术教育，全省共招收高职学生 4548 人，在校生 8390 人。与之前相比，无论是办学规模还是招生数、在校生数，都增长显著。

到 2009 年，全省高职院校共有 43 所。2008 年，招生 12 万余人，在校生 30 万余人。在 10 年时间里，无论是学校数量还是招生数、在校生数都实现了跨越式发展，成就令人瞩目。

浙江的高等职业技术教育除了在规模和数量上取得突出成就之外，还形成了自己的地方特色。例如，宁波有很悠久的服装传统，"红帮"名满天下。结合地方特色，宁波政府和当地著名服装企业合作，采用"校企合作"的办学方式，开办了宁波服装职业技术学院（现"浙江纺织服装职业技术学院"）。该校建立了"红帮服装研究所"，设立了服装设计、制作等专业，和一些企业合作办了分院。学生可以借助企业提供的资金设计服装，企业通过与学校合作的服装集团打开市场，实现多赢共享。温州平阳县职业教育中心，采用"民办公助"模式，开创了著名的"平阳模式"，对高等职业教育改革发展作出了积极的探索。温州的鞋类制造业发达，温州的职业学校——浙江工贸职业技术学院、温州职业技术学院等，都开设了鞋类设计、制造相关专业。浙江商业职业技术学院，则"主攻"旅游业、烹饪等。浙江国际海运职业技术学院，以航运类专业为龙头，是一所"海洋特色"鲜明的高职院校。

浙江省的高等职业技术教育从 1999 年以来，实现了跨越式发展，独立设置的高职院校 38 所，举办高等职业技术教育的院校共有 60 所。到 2003 年，全省高职招生总数达6.82万人，全省总招生比例和在校大学生比例均已超过30%。浙江省的高等职业技术教育实现了大发展。

# 大事记

1985年　《中共中央关于教育体制改革的决定》出台，国家开始建立、发展高等职业技术教育。

1996年　《中华人民共和国职业教育法》颁布实施，第一次正式确立了高等职业教育的法律地位。

1998年　教育部提出"三多一改"的方针，浙江的高等职业技术教育迎来大发展。

1999年　教育部、国家计委发布《试行按新的管理模式和运行机制举办高等职业技术教育的实施意见》，高等职业技术教育得到进一步解放。同年，浙江省出台《浙江省试办高等职业技术教育的实施意见》，"积极探索以多种形式、多种机制发展高等职业技术教育的途径"，"鼓励社会力量参与办学"，"组建若干所上规模、上水平的职业技术学校和普通高校举办的二级高等职业技术教育机构。各市（地）在增加投入、办好现有所属普通高校的前提下，原则上可集中力量建1所职业技术学院"。

2000年　浙江省高等职业技术教育迎来发展黄金期。浙江省政府先后发布了《关于加强我省高等职业教育的若干意见》《浙江省高等职业学院教学工作基本要求》《浙江省高等职业学校设置暂行规定》《浙江省教育现代化建设纲要（2000—2020年）》等一系列文件，积极推进高等职业教育体制改革和发展。

# 二级学院 *

　　虽然 1999 年之前，在国内其他地方也出现了一定数量的二级学院，但一般认为，二级学院真正得到发展，是以浙江、江苏等沿海发达地区为开端的。

　　1999 年，浙江省内的公办高校出于种种原因，发展并不充分。而浙江民间经济在改革开放的过程中较为活跃，发展迅速，出现了著名的"浙江模式"。1997 年，浙江全省国民生产总值位列全国第四。而与民间经济的快速发展相比，浙江省高等教育的发展却呈现出与之"倒挂"的现象。经济发展高歌猛进，不断改革、创新，而省内的高等教育发展却步履缓慢。1995 年，浙江省每万人口在校大学生数量位居全国第十四。1999 年，这个排位甚至降到了全国第十六，比全国平均数还要低。浙江省每万人在校大学生数量不足，增长速度也令人担忧。再看一个数据：1998 年，浙江省内的高等教育毛入学率是 8.96%，全国平均水平是 9%，高考录取率也仅为 35%。也就是说，浙江人要上大学非常

---

　*　提到"二级学院"，人们一般会想到的定义有 3 个：第一个是一所独立的高等学校，如 ×× 学院；第二个是高等院校中的二级教学单位，如 ×× 大学 ×× 学院；第三个是按照新的机制或模式办起来的本科二级学院，也叫"新制二级学院""独立学院"等。本文的"二级学院"指第三个。这种"新制二级学院"是改革开放后高等教育领域出现的一种新事物，它有独立的招生资格和颁发学历文凭的资格，也有独立的法人资格、教学组织、校园等，办学方式更灵活，标志着高等教育发展进入了一个新阶段。

难，可以用"千军万马过独木桥"来形容。综合来看，一方面，由于高等教育毛入学率低于全国平均水平，浙江人上大学比全国其他省市的人普遍要难；另一方面，富裕起来的浙江人民，想花钱上大学、受更高质量的教育，却难觅门径。浙江省的高等教育，急需进一步的"改革"与"开放"。

在此背景下，随着改革开放的深入，国家不断推出积极、宽松的相关法律政策，为全国高等教育的发展注入了强大活力。在这样的大背景下，浙江省高等教育决意开始大胆探索，尝试开办"二级学院"就是其中一个极具创新意义的举措。

宁波是我国首批对外开放城市。改革开放以来，宁波的经济发展十分迅速，其高等教育发展与经济发展不相配。宁波市的高等教育发展水平，甚至比全省的平均水平还要低。1998 年、1999 年，宁波市的高等教育毛入学率均比浙江省的平均毛入学率低一个百分点。也就是说，浙江人上大学已经很不易了，宁波人上大学还要"难上加难"。

对宁波市政府而言，一方面，高等教育基础"薄弱"，公办高等院校数量少、基础差，发展缓慢；另一方面，距离实现国家定下的 2005 年的目标，时间并不充裕。要在短时间内完成国家设立的教育发展目标，难度可想而知，这成了摆在宁波市政府面前的大难题。

基于以上背景，经过深度调研、综合考量和分析，宁波市决定实施"一号工程"，大力推进"科教兴市"，借鉴经济领域的成功经验，用一种新的形式和机制办教育，以此推动宁波市高等教育改革、发展。这种形式就是建立和推进"独立学院"。

1998 年夏天，宁波大学的领导开始商讨建立民办二级学院的可行性。到了1999 年，宁波大学校长张均澄将该想法提请省长柴松岳批示，省里经过研讨后决定以宁波大学为试点，建立民办二级学院。消息一出，得到了社会各界的鼎力支持。赵安中先生听到消息后，变卖了美国房产，捐款 1000 万元人民币，设立"杏琴园教育基金"，帮助宁波大学创办新制二级学院。在浙江省政府和全社会人民的大力支持下，1999 年 4 月，宁波大学科学技术学院建立，这是浙江第一所国有民办本科新制二级学院。

二级学院样本之一：宁波大学科学技术学院

　　这种形式的办学其创新之处就在于，在保持高校公办性质不变的基础上，引进民间充裕的资本和灵活的机制，单独建立一个学院。这样一个学院，不像本文开头提到的第一种定义中的高等院校那样完全"独立"——那其实是"一级学院"。宁波大学科学技术学院是"二级学院"，并且和母体学校有"母子"关系。宁波大学科学技术学院这种"二级学院"也不像某个高校中的二级教学单位那样，与母校有那么密切的从属关系——宁波大学科学技术学院有独立的法人地位。像宁波大学科学技术学院这种"二级学院"，满足了"四个独立"（独立法人，独立办学，独立管理，独立核算）的要求，又具有新的形式和特点。这种新型的"二级学院"，办学方式和管理模式均为民办，资金自筹，母体院校监督，培养出的人才质量有所保障，"国有"声誉不丢失，同时引入了"民营"机制，摆脱了公办院校资金紧张、发展缓慢的现实困境。如此一来，这样一种"独立学院"，不但能给有意愿接受更高质量教育的人群一个机会，还能"盘活"公立院校极为紧张的办学经费，这就为宁波市高等教育的发展注入了活力。

　　宁波大学科学技术学院的建立起到了榜样和激励作用，这种新型的办学方式很快在市内、省内得到了承认，并迅速发展起来。

浙江大学城市学院的建立也具有一定的代表性，极大地促进了杭州市乃至浙江省的高等教育发展。

二级学院样本之二：浙江大学城市学院

有了上述两所学校的带头、示范作用，各校热情高涨，纷纷向省里提交建立二级学院的申请。浙江省的二级学院如雨后春笋般建立起来。仅1999年一年，就有包括中国计量学院育英学院、浙江工业大学之江学院在内的13所民办二级学院相继建立。到2000年，浙江的独立学院共有18所。到2003年，这个数量达到23所。从1998年到2003年前后，二级学院发展比较迅猛，用"井喷"二字形容亦不为过。

这些二级学院不仅数量较多，而且取得了令人瞩目的成就。从1999年开始建二级学院，到2001年，短短两三年时间内，浙江省高考录取率即达到68.3%，高等教育毛入学率首次达到15%，提前一年实现目标。这个成就与大量出现的二级学院密不可分。从规模上看，2004年，浙江二级学院招生人数为3万人，占全省本科招生人数的36.7%；在校生人数8.64万人，占全省本科在校生人数的34.3%。这些二级学院为全省本科教育扛起了逾三分之一的重担，贡献不可谓不大。

综上来看，二级学院的大量涌现，为浙江省的高等教育注入了极大的活力，展现出强劲的发展势头。这些采用新型办学方式的学校，在全国也产生了示范性的重要影响。二级学院的建立，体现出"开风气之先"、务实肯干的浙江精神，扩大了"浙江模式"在全国教育领域的影响力。


## 大事记

1998年　浙江省人民政府颁布《关于鼓励社会力量参与办学的若干规定》，只要符合3个"有利于"——有利于增加教育投入，有利于扩大教育规模、提高教育质量，有利于满足社会的教育需求，各种办学形式就可以大胆试验，政府鼓励多种形式办学。"二级学院"模式办学在全省兴起。

1999年　第三次全国教育工作会议召开，会议鼓励多种形式办学，在政府办学为主体的基础上，支持公办、民办学校共同发展，可以借助社会力量参与办学。与此同时，全国高校开始扩招。

1999年　国家发布《面向21世纪教育振兴行动计划》，希望到2010年，全国高等教育入学率接近15%；2001年，又在《全国教育事业第十五个计划》中将这个目标提前到2005年。

# 浙江万里学院

浙江万里学院的发展之路，充分体现了我国高等教育改革的探索与收获。在中国民办教育史上，浙江万里学院留下了属于自己的历史印记。

浙江万里学院

1998 年，浙江省万里教育集团资产过亿，已经是浙江省规模最大的民办教育集团，而集团创始人徐亚芬此时仍想办一所大学，完成她一直以来办"东方哈佛"的大学梦。为此，她先后联系西安、辽宁的大学，吸引它们搬到宁波，可惜都失败了。

浙江省教育厅决定把一所"薄弱"的学校交给徐亚芬来办。这所学校就是浙江农村技术师范专科学校。这是全国第一次将政府公办大学交给一个民办教育集团。接手后，徐亚芬发现，这所学校的办学条件只能用"很差"来形容：学校用自来水困难，没有四百米跑道，正式的教授也无一人。有人劝她，接手一个差学校比自己创建一所新学校还要难，办得不好还可能砸了"万里"这块牌子。为了圆自己的教育之梦，徐亚芬还是决定接手。1999年，这所学校被浙江省万里教育集团接手，更名为"浙江万里职业技术学院"（2002年更名为"浙江万里学院"），性质为"国有民办"。学校是国家的，体制是民办，万里教育集团负责办学。办学遵循"四个独立"原则，所有固定资产都登记为国有，个人不能持有股份，办学所产生的增值部分归国有。这既不是"公办学校"，也不是"民办学校"，而是一种兼顾了公办与民办优点的新型"国有民办"二级学院。

浙江万里学院成为全国第一家改制成功的国有民办高校。徐亚芬和她的团队继续发扬万里教育集团的刻苦奋斗精神。为了招聘教师，她曾经在西安提着胶水桶刷广告，对前来质询的保安讲教育理念，把保安都感动了，和她一块儿贴广告。两天内吸引了四五十位教师，徐亚芬不停地答疑解惑，最后喉咙充血无法再讲话。上海的一位教授对来万里学院有所顾虑，徐亚芬放下电话立马飞到上海，出现在这位教授家门口，继续对这位教授阐述自己的办学理念。教授认同她的教育理念，

**浙江万里学院董事会成立**

全国首家改制高校建设工作全面启动

本报讯（记者 丁松泉 沈力）全国首家改制高校浙江万里学院董事会成立。4月28日，万里学院董事会召开第一次会议。会议审议通过了《浙江万里学院董事会章程》，并确定了院长、副院长人选。省委教育工委书记、省委委员、万里学院名誉董事长侯靖方在会上说，浙江万里学院的筹建是我省高校办学体制改革的重大举措，这是一项开创性的事业，希望大家团结奋斗，开拓进取，务必把学院办好，为我省乃至全国高校的改革做好榜样。

浙江万里学院是经教育部和省人民政府批准筹建、由浙江农村技术师范专科学校改制的全日制省属普通高校。学院由省教委主管，浙江万里教育集团承办，按国有民办的机制运行。

会议通过的《浙江万里学院董事会章程》规定，浙江万里学院实行董事会领导下的院长负责制。董事会是学院的最高决策机构，决定学院的重大事项。董事会设名誉董事长两名，由省教委主任侯靖方、宁波市政府副市长盛昌黎分别担任；董事9名，其中万里教育集团4名，省教委3名，宁波市政府2名，万里教育集团董事长徐亚芬担任学院董事长，省教委副主任郑继伟任副董事长。

在此次董事会会议上，董事们确定了学院院长、副院长人选，原深圳大学副校长启瑞被聘任学院院长，楼玉琦、王渊明任副院长。

侯靖方在讲话中，对各有关方面对浙江农技师专的改制和浙江万里学院筹建工作的大力支持表示感谢。他说，万里学院的创办对我省高校办学体制改革起到了较大的推动作用。对国有高校进行改制，是一项创新的工作，做好这项工作，对我省乃至全国高校改革都有重要的辐射作用，因此务必要团结奋斗，开拓进取，把各项工作做好。他说，这是一项开创性的工作，没有经验可以借鉴，今后的路会有很多曲折，要有风险意识，要有压力，要不断进行探索，要知难而进。他表示相信，只要大家团结一心，前景是光明的。

万里学院董事长徐亚芬表示，将通过艰苦不懈的努力，把万里学院办成具有较知名度的高校。学院院长启瑞向董事会介绍了万里学院目前的筹建情况。

据了解，万里教育集团已投资8000万元，对原浙江农技师专的校舍等进行改造、扩建，目前已新建教学大楼、学生宿舍等共2万平方米，第一期工程将在9月前竣工，第二期基建工程已上报立项。在3至5年内，万里教育集团将投入资金2.5亿元。

会议由省教委副主任、董事会副董事长郑继伟主持。会后侯靖方、郑继伟等到学院的施工工地，实地察看了学院校舍的施工情况，侯靖方、郑继伟要求学院抓好校园建设规划，并为今年秋季招生做好各项准备工作。

关于浙江万里学院董事会成立的报道（《浙江教育报》1999年5月1日第1版）

又被她的赤诚之心打动，终于答应来宁波任教。凭借这样惊人的毅力和热情，以及科学的办学理念，徐亚芬打动了很多教师、家长和学生，成功建起了一所大学。2002年，浙江万里学院升格为本科高校，在校人数过万。浙江万里学院被教育部定为高校办学机制改革试点单位，探索新型的高校管理方式和运营机制。浙江万里学院将管理者、举办者、办学者三方实行三权分立，并率先提出"职业校长"概念，将"校长"等管理人员从传统的"官本位"观念向职业化、事业型转变，全校上下以学生和教学为中心，办学和管理机制普遍"去官化""去行政化"，引入竞争机制，老师挂牌授课，学生用脚投票。对教师施行奖优罚劣，充分体现出市场竞争意识。这种全新的办学模式和管理方式得到了政府和社会的高度赞誉，也为当时我国高等教育改革提供了新的思路和借鉴经验。我国著名教育家潘懋元教授，作文《浙江万里学院——一种第三部门高等学校的范例》，他认为万里学院这种新型的"国有民办"高校，既有公办的规范性，又有民办的灵活性，是"政府部门"和"营利性企业"之外的"第三部门"，盛赞其为"由办学困难的第一部门高校向第三部门转型而取得成功的范例"，"也是社会力量举办公益性高等教育的成功范例"。

浙江万里学院改制成功，不仅在于"拯救"了一所高校，它的更大意义还在于，承担着全国高校改制的"探路者"角色。如何在不增加政府财政投入的情况下，吸纳社会力量办学，大力促进高校改革发展？浙江万里学院就是一个典范，它出色完成了教育部交给它的这个任务。浙江万里学院的超常规发展，极大促进了浙江省高等教育观念的转变，引发了浙江省二级学院和高教园区的建设高潮，也给全国的高校改革以极大的启发。一所所高校不断派人来浙江万里学院考察，他们带回了浙江万里学院的成功经验，纷纷实施高校改革。

正因为浙江万里学院站在了我国高校改革创新的历史路口上，它的"国有民办"办学模式的成功，引领了我国高等教育的改革和发展。所以，浙江万里学院才能在中国教育史上写下那浓墨重彩的一笔。

# 大事记

1998年　浙江省人民政府颁布《关于鼓励社会力量参与办学的若干规定》，政府鼓励多种形式办学，民办教育迅速发展。

2018 年 10 月 20 日，西湖大学正式揭牌成立。这所大学从成立之初就吸引了社会各界的众多目光——它是我国第一所由社会力量举办的、国家重点支持的新型研究型大学。党中央及省市重要领导，海内外 70 余所知名大学校长，杨振宁、沃森、杰马里·莱恩、布莱恩·科比尔卡、弗雷泽·司徒塔特 5 位诺贝尔奖获得者和西湖大学的师生代表等共同参加了此次成立大会。

## 西湖大学揭牌成立
### 车俊讲话 袁家军杜玉波出席

**本报讯**（浙江日报记者 王国锋 记者 曹可可）由社会力量举办、国家重点支持的新型研究型大学——西湖大学，10 月 20 日上午在杭州揭牌成立。

全国人大常委会原副委员长桑国卫，全国政协原副主席王志珍，全国政协原副主席、西湖大学顾问委员会主席韩启德出席成立大会。

省委书记车俊出席，省委副书记、省长袁家军出席，全国高等学校设置评议委员会主任杜玉波宣读教育部贺词。韩启德、袁家军、杜玉波等教育部领导担当"指引"指引的路子走下去，加快"两个高水平"建设，我们比以往任何时候都更加需要强有力的科技和人才支撑，比以往任何时候都更加需要像西湖大学这样的一流高校和一流创新平台。希望西湖大学始终坚持以习近平新时代中国特色社会主义思想为指导，坚持"高起点、小而精，研究型"的办学定位，立足浙江、面向全国，立德树人、固本培元，兼容并蓄、融通中外，努力建设成为具有中国特色、对标世界一流的新型研究型大学。希望世界一流大学像一艘劈波斩浪的航船，驶向梦想的远方；像一面猎猎飘扬的旗帜，屹立在科技创新的高峰；像一座群星璀璨的殿堂，成为四海精英向往的地方；像一台动力强劲的引擎，助推浙江在高质量发展的快车道上加速行进，努力为浙江高质量发展提供源源不断的动力。省委、省政府将一如既往地支持西湖大学的建设和发展，努力为西湖大学提供更加有力的保障，营造更加优良的环境。

施一公在致辞中说，西湖大学在科教兴国的新时代为梦想应运而生。今天，她正式扬帆起航，我们将磨砺以须，锻造而成，努力做中国高等教育改革的探索者，成为投身人才培养的摇篮、世界前沿科学技术的引领者。我们由衷感谢全社会的理解、鼓励、关爱和支持，并与大家一道风雨同舟、并肩前行，全力以赴去实现科教兴国的梦想，为世界文明和人类进步作出重要贡献。

车俊代表省委、省政府向西湖大学全体师生员工表示祝贺，向长期以来支持西湖大学筹建的各位领导和各界人士表示感谢，向施一公等一批热心社会办学的教育人致以崇高的敬意。他说，此时此刻，大家应该都有一个共同的美好愿望，就是希望西湖大学能够像西湖那样声名远播、享誉中外，办成世界一流，回顾西湖大学从倡议到成立的过程，我们深切地体会到：西湖大学今天能够诞生在杭州，是以习近平同志为核心的党中央关心关怀的结果，是西湖大学与浙江省在正确时间、正确地点，共同作出正确选择的结果。西湖大学浙江一定能够壮苗成长、大放光彩。

车俊指出，当前浙江正认真践行习近平总书记赋予的"干在实处永无止境，走在前列要谋新篇，勇立潮头方显担当"的新期望，坚定不移沿着"八八战略"

周江勇、美国圣路易斯华盛顿大学校长莱顿、香港科技大学校史维、清华大学副校长姜胜耀、北京大学校长林建华、捐赠人代表分别致辞，西湖大学向 9 名捐赠人代表敬赠建校首日封。

诺贝尔奖获得者杨振宁、沃森、莱恩、科比尔卡、司徒塔特，省市有关领导成员等，周国辉、徐立毅，中央新疆工作协调小组办公室副主任鲁昕，省委教育工委书记、省教育厅厅长郭华巍，国内外部分高校负责人和知名学者，西湖大学顾问委员会、董事会、学术咨询委员会成员，西湖教育基金理事会成员及捐赠人，西湖大学师生代表出席成立大会。

据悉，西湖大学前期将优先设理学、医学、工学 3 个学科门类，并注重学科交叉。目前，学校面向全球展开 8 次人才招聘，已有 68 名在数学、物理、化学等领域拥有世界领先水平的特聘研究员签约入职。

2018 年 10 月 20 日西湖大学揭牌成立（《浙江教育报》2018 年 10 月 22 日第 1 版）

西湖大学的建校理念秉持了美国的加州理工学院、洛克菲勒大学和斯坦福大学的办学理念，体现出一定的新颖性和独特性。西湖大学校长施一公认为，大学不一定要"规模大"。洛克菲勒大学建校100多年，教师人数不超过100人，全校只专注于生命医学这一个领域，截至2021年，出了38位生理学或医学诺贝尔奖获得者。加州理工学院出了76位诺贝尔奖获得者，斯坦福大学则出了84位诺贝尔奖获得者。这几所学校教师人数都不多，有的甚至"很少"。因此，将西湖大学定位于"小而精"是可行的，在国内也有自己的特色。洛克菲勒大学是由洛克菲勒教育基金会建立的，不招本科生和硕士生；它和斯坦福大学一样，都是世界著名私立大学。西湖大学的创立离不开这几所学校理念的影响。

对于施一公本人而言，继成为"中国科学院院士"和"清华大学副校长"之后，他的梦想就是创建西湖大学。他曾说："我的一生做了三件事：成家立业，帮助母校清华大学发展生命学科是其二，筹建西湖大学是第三件事，也是我最想做的一件事。"

2015年，施一公和同为"中国科学院院士"的陈十一等人发起成立"西湖教育基金会"，主要目的就是为建立西湖大学筹备资金。用基金会办大学也是施一公的一个"执念"。西湖教育基金会得到了全社会的大力支持。捐赠人既包括王健林、马化腾等社会知名企业人士，也有普通上班族和海外华侨等社会各界人士。

杭州一位70多岁的老人捐赠了25 800元，这是她辛苦攒下的钱，老人家说："人才不培养出来，什么事都做不成。"一位普通公务员捐资10万元，这几乎是他全部的积蓄。温州籍华侨周先生送来南美洲33位华侨华人的捐资，目的就是期盼祖国越来越强大。济南12岁的张子昊在来信中说："我代表2岁的弟弟，把我们所有的压岁钱寄给您，让您更好地建设学校。"类似感人的故事还有很多。

2018年，西湖大学获得教育部批准建立，同年西湖大学成立。西湖教育基金会从2015年成立到2019年，共收到超过1万名捐赠者捐资，总捐赠额超过43亿元。创建西湖大学得到了全社会的支持。施一公107岁的爷爷听说要建立西湖大学，表示全力支持。因此，施一公反复强调，西湖大学的每一步都离不开社会的支持，西湖大学与社会紧紧相连，不管你有没有捐赠过，它都属于每一个中国人——"西湖大学为梦想而生。来自社会各界的支持是学校的生命线。""西湖大学来自社会，服务于社会，也完全属于社会和人民大众。"

与社会的紧密联系是西湖大学的一个重要侧面。尽管建校理念有很大一部分来自西方，但西湖大学并非完全照搬西方的经验。西湖大学的发展理念，重点在于"中国特色"和"本土利益"。无论是科研议题的本土化意识、科研成果转化落地的本土化努力、科研评价团队的本土化特色，还是西湖大学与本地企业、经济的密切相关性等，都是西湖大学摆脱西方科研"窠臼"所做出的努力。

一手"世界一流大学"，一手"中国特色"，西湖大学在诞生之初就闪耀着独特的光芒，吸引着各界人士的关注。

建成后的西湖大学，面向全世界招聘优秀师资和人才。截至 2018 年，经过 8 次招聘，西湖大学签约了 68 名研究人员，入选率只有不到 2%，可见要求之高。西湖大学的研究氛围相对宽松，治学相对自由。学校采用董事会领导下的校长负责制，施行"教授治校"的理念，最大程度上保障研究人员免于繁文缛节的行政性事务，重视科研教育的科学性和高效性。在西湖大学，科研资金申请程序大大简化，并且有自己的学术评价方式和标准。研究人员将考核评估时间间隔拉长到 5—6 年，并且不以传统的论文发表数量、影响因子等量化标准作为考核依据。学者和科研人员可以在一个物质上"衣食无忧"，精神上相对自由的氛围里做科研。施一公表示："我希望，西湖大学能成为一个学生、学者的'家园'，科学家们能在这里心无旁骛地做研究，学生们也能在这里实现自己的梦想。"但西湖大学也有明确的筛选、考核和退出机制。在这所大学，"宽松"与"高水准"并举。

西湖大学的办学定位非常"亮眼"——"高起点、小而精、研究型"。

"高起点"：以招收、培养博士生为起点。在建校初期，不招本科生和硕士生。学校"眼光高"，办学定位也高。

"小而精"：学校人数少。根据西湖大学的发展规划，全校师生人数5年内为1220人，10年内控制在5000人。学科数量也少。学校首重生命与健康、前沿技术、理学三大领域，暂不设置社科和人文学科。

"研究型"：学校非常注重创新性、前沿性研究，将目光放在世界科技前沿，目的是建成世界一流、现代化、世界级的高水平研究型大学，放眼未来和人类共同利益。同时又十分注重基础性研究，重视科研成果的转化与实践，目的是为社会带来实际利益，推动社会进步。

截至2020年7月，西湖大学的科学家数量达到125位，其中13位是其所在学科领域的引领者。西湖大学先后承担国家项目23项，新型冠状病毒攻关项目11项。2020年2月19日，西湖大学周强实验室解析出新型冠状病毒的受体——ACE2的全长结构，这在全世界都是首次，为控制新型冠状病毒大规模传播作出了重要贡献。

西湖大学的成立在中国民办教育史上有着独特的意义。它是第一所由基金会举办的民办高水平大学，打破了民办教育水平普遍不高、以教育为营利工具的"质疑"，突破了我国民办教育规格不够高、水平不足的"天花板"，为我国在世界前沿科技研究领域增添了有力支持。

# 大事记

2012年6月18日　教育部颁发的《关于鼓励和引导民间资金进入教育领域促进民办教育健康发展的实施意见》进一步指出，鼓励和引导民营资金进入教育领域。

2015年3月11日　施一公、陈十一、潘建伟、饶毅、钱颖一、张辉和王坚七位西湖大学倡议人向国家提交《关于试点创建新型民办研究型的大学的建议》，获得支持。

2015年7月　"西湖大学筹办委员会"建立，"杭州市西湖教育基金会"注册成立并成为西湖大学的举办方。

2016年11月7日　《中华人民共和国民办教育促进法》通过修正，对民办学校按照非营利性和营利性进行分类管理，民办学校与公办学校享有同等法律地位，民办学校的办学自主权得到充分保障。

2017年8月　浙江省同意建立西湖大学。

2018年2月14日　教育部同意设立西湖大学。

2018年10月20日　西湖大学正式成立。

# 新浙江大学

国立浙江大学校门

新浙江大学玉泉校区大门（《浙江日报》2016年5月20日第17版）

1998年9月15日，原浙江大学、杭州大学、浙江农业大学、浙江医科大学四所高校合并成为新浙江大学。合并后的新浙江大学涵盖了除军事学之外的所有学科，成为全国所有综合性大学中学科最全、规模最大的大学。一艘中国高等院校的"航空母舰"就此诞生。

浙江大学的前身是求是书院。

求是书院创建，是当时国内为数不多的几所新式学校之一。经过努力发展，1928 年其正式定名为"国立浙江大学"。抗战期间，校址数次迁移，师生在艰苦条件下奋发图强，将国立浙江大学发展成为具备文、理、工、农、医、法、师范 7 个学院 27 个系的高校，在当时全国的高校中也是学科最全的。国立浙江大学在海内外有崇高的声誉，著名教授、学者云集。学校实力可以与原中央大学、北京大学、清华大学并立。无论是"民国四大名校"还是"国立五大名校"的说法，国立浙江大学均居其一。英国著名科技史学家李约瑟称其为"东方剑桥"。1952 年后，为了适应国家对专门人才的需求，全国开始大规模院系调整，原来的综合性大学被拆分成单科院校或专门院校，浙江大学也免不了被拆分的命运。原来的 7 个学院被拆分、合并，院系调整后的浙江大学基本只剩下工学院的 4 个专业，实力远远不如从前。被拆分后留在杭州的文学院、医学院、农学院，与其他院校、专业合并，逐渐发展为杭州大学、浙江医科大学和浙江农业大学。拆分后的浙江大学、杭州大学、浙江医科大学和浙江农业大学，经过近 30 年的调整、恢复和发展，各自成为在全省乃至全国具有重要影响力的院校。浙江大学是部属重点院校，杭大、浙医和浙农都是省属重点院校。1996 年杭州大学成为"211 工程"大学之一。浙江农业大学在同类院校中能排全国第三。浙江医科大学实力也很强，在省内外赫赫有名。

老一辈的学者、专家对"国立浙江大学"感情深厚。1979 年浙江大学访美代表团考察归来，意识到组建综合性大学的必要性，在向省里的报告中，提出与杭州大学、浙江医科大学和浙江农业大学组建新浙江大学，这引起了省委的重视。但限于各种条件，合并事宜未能促成。 刘丹同志后来任浙江大学名誉校长，一直牵挂着四校合并。在身体极为衰弱的情况下，依旧向浙江大学校长、省委副书记嘱托四校合并。四校校际协作委员会为新浙江大学的诞生奠定了坚实的现实基础。

新浙大能够成立离不开时任国务院副总理李岚清同志的大力支持。1996 年朱祖祥院士（时任浙江农业大学校长）和王启东教授（时任浙江大学副校长）在第八届全国人大第四次会议上提议四校合并，得到了分管教育的国务院副总理李岚清同志的肯定，李岚清同志责成相关部门落实合并事宜。但合并之事，谈何容易。时任浙江省委书记李泽民在向中央的报告中认为，四校合并时机尚不成熟。李岚清同志阅后决定暂缓合并事宜。浙大领导们看到官方渠道行不通，只能通过"民间"手段达成此事。1997年，他们请出浙大"四老"——著名科学家苏步青、王淦昌、谈家桢、贝时璋，请他们联名向江泽民同志提议，将浙江大学、杭州大学、浙江医科大学和浙江农业大学四校合并为新的浙江大学。此时，"四老"中年纪最小的也89岁高龄了。老专家们抱着对国立浙江大学的深厚感情写道：

> 最近，得悉合并工作由于某些原因大大推迟，要推至党的十五大召开以后再研究，深感不解和遗憾，也深感改革之难，如果连这样一件对各方面都相对有利的事都办不成的话，其他高校改革之难就更可想而知了。
>
> 我们认为，气只可鼓，不可泄。对于这样一件花不了多少钱，但又可以起大作用且看准了的事，就更应像小平同志一贯倡导的那样，要坚决地试，大胆地干。办好这件事，既是落实《政府工作报告》的具体体现，也是以实际行动迎接党的十五大召开，岂不更好。

信写好后，辗转通过校友会，递交给了江泽民同志。江泽民同志阅后转交李岚清同志，组建新浙大的事情才最终有了着落。

1998年3月，国务院正式批复同意组建新浙大。4月30日，新浙大筹建工作领导小组成立。新浙大的四校合并是当年教育部的中心工作之一，被列为"特事特办"，学校筹建情况每周都要汇报给国务院副总理李岚清。新浙大合并后，在全国产生了重要影响，很多高校纷纷效仿，全国掀起了一场高校合并热潮。据不完全统计，从1990年到2004年，全国涉及合并或调整的高校有400多所。

合并后的新浙江大学创下一系列全国高校之"最"——学科门类最齐全、

专业最多、学生和教职工数最多、校舍建筑面积最大等，成为中国高等院校的一艘超级"航母"。除此之外，新浙江大学充分发挥了合并后的优势，学校总体实力得到了很大提升，诸多数据位列全国前列。在保持一流学科水准的同时，新浙江大学还发展了若干交叉学科和新学科，薄弱学科得到了有效提升，做到了"在学科高原上造峰"。新浙江大学还有力带动了浙江省教育的快速发展，帮助杭州和宁波建立起三所本科院校，分别是浙大城市学院、浙大宁波理工学院和浙大远程教育学院。新浙江大学为浙江省的科技进步、经济建设和人才培养，做出了更有成效的贡献。李岚清同志在《李岚清教育访谈录》中回顾新浙大时，作了高度的肯定——"浙江大学是个成功的范例"，"该校合并以后，教师实力、学科结构、学校的扩建、办学规模、教学科研水平等方面都实现了跨越式的发展"。

# 大事记

1980年　中共浙江省委下发了《关于浙大、杭大、农大、医大开展校际合作的意见》，支持成立四校校际协作委员会，任命刘丹为主任，以加强四校沟通协作。

1995年　中共中央、国务院发布《关于加速科学技术进步的决定》，首次提出"科教兴国"战略并决定在全国实施。我国的高等教育进一步深化改革，以满足时代发展的新需求。

1998年5月4日　适值北京大学建校一百周年，江泽民同志在庆祝会上提出："为了实现现代化，我国要有若干所具有世界先进水平的一流大学。这样的大学，应该是培养和造就高素质的创造性人才的摇篮，应该是认识未知世界、探求客观真理、为人类解决面临的重大课题提供科学依据的前沿，应该是知识创新、推动科学技术成果向现实生产力转化的重要力量，应该是民族优秀文化与世界先进文明成果交流借鉴的桥梁。"

1998年8月26日　教育部发布《关于浙江大学、杭州大学、浙江农业大学、浙江医科大学合并组建新的浙江大学的决定》，其中提到要"优化教育结构，加快高等教育管理体制改革的步伐，合理配置教育资源，提高教育质量和办学效益"。

# 新高教园区

　　1999 年，浙江省委、省政府决心建设一批高教园区。建设高教园区，其实也是"不得已"的办法。自 20 世纪 90 年代以来，高校开始逐步打破"精英化"教育模式，转向"高等教育大众化"。1999 年，全国高校开始扩招，浙江省内各高校面临规模较小、设备陈旧等问题，各校内部空间已不够用，校园建设亟待扩展。据浙江省委书记张德江调研，浙江省 32 所普通高校中，占地面积 100 亩以下的高校就有 7 所，最小的一所只有 41 亩。浙江省的高等教育发展"严重滞后"于经济发展。高校改革势在必行。

1998 年 6 月 28 日，浙江中医学院在杭州滨江高教园区举行移址建校奠基仪式，拉开了我省高教园区建设的序幕（《教育信息报》2005 年 1 月 4 日第 8 版）

浙江中医药大学是浙江第一个"吃螃蟹"的高校。浙江中医药大学是在2006年更名的,之前名为浙江中医学院。浙江中医学院老校区在杭州老城区,20世纪90年代就有"弄堂大学"的民间称呼。学校占地少,整个校园才占地77亩,一共26个教室,校舍和相关设备也简陋,正常教学很受影响。学校发展缓慢,师生和家长颇有怨言。这样一所校园,还被一条大马路一分为二。1996年,杭州市准备建设一座立交桥,要占去校园近20亩地。这样一来,学校就不得不考虑搬迁事宜。搬到哪里成了校领导最头疼的问题。留在市区,交通便利,好处不少,但学校在一个袖珍之地、"弄堂"里办学,终究难以从根本上解决问题。1996年下半年,学校经过与省、市两级政府反复论证,最终确定了"盘活存量、土地置换、移址新建"的搬迁思路。这项工程也被列为省重点工程。新校址选在了杭州钱塘江以南的滨江区。此时的滨江区还是一片稻田,远离市区,杭州市也还没有跨江发展的战略。虽然不利条件很多,但校领导认为这是一片"希望的田野"。1998年,新校区破土动工。2000年,学校整体搬迁完毕。新校区占地286亩,总投资2.2亿元。由于这块地方被规划为杭州滨江高教园区,一批高校都将在此落户。杭州市政府返给学校级差地租1000万元。浙江中医学院可以放开手脚办学。搬迁后学校从3个系发展到8个系,学生人数从1000多人发展到1万人。2006年,学校更名为浙江中医药大学。如果不搬到滨江高教园区,浙江中医药大学也许无法这么快成为全国一流医科院校,实现跨越式发展。校长肖鲁伟评价:"如果照以前大学每年百万元的资金,几十年也造不出这样漂亮的校园。""可以说,没有移址建校,学校的发展可能会慢好几个节拍。"

搬迁后的浙江中医药大学

浙江省政府率先和浙江中医学院合作完成了迁校的"壮举"，给各高校吃了一颗"定心丸"。相对于每年百万元的学校发展资金，通过"土地置换"就能获得千万元的级差地租，钱和发展前景都有了，于是其余高校也纷纷迁校。浙江中医药大学的发展路径对全省的高等教育发展起到了示范性作用，被评为"浙江省改革开放30年来最解放思想的30件事"之一。

浙江省政府确定了浙江中医学院迁校之后，宁波市也看准时机，向省政府汇报高教园区建设的规划。建成后的宁波高教园位于鄞州新城区，共有南北两个园区。高教园南区建筑面积6500亩以上，北区建筑面积110万平方米以上，总投资38亿元，成为全国首个建成的高教园区。高教园南区先后入驻了宁波诺丁汉大学、浙江万里学院、浙江大学宁波理工学院、浙江纺织服装职业技术学院、浙江医药高等专科学校、宁波卫生职业技术学院、宁波城市职业技术学院、宁波职业技术学院、宁波中学9所院校和图书信息中心等5个资源共享区，在校师生7万余人。高教园北区入驻了宁波大学、浙江纺织职业技术学院等4所高校，学生10万余人。

宁波高教园区图（中共宁波市委党史研究室、甬派传媒编《东海潮涌：宁波改革开放40年口述史》，宁波出版社，2018，第241页）

宁波的高教园区充分体现了"开放""共享"的特色。全区没有校门和围墙，只以水道、绿植、道路或界碑、牌作分隔，建筑之间以建筑风格和颜色相区别，绿化面积在60%以上。园区在规划时，划出专门区域，尽可能将一些建筑集中建设，如各校实验室、图书馆、体育中心、学生活动中心、国际会议中心、商务中心、医疗中心等。这些资源，园区内的各校师生均可共享或租用。在教学方面，园区内也实现了新的办学模式。园区内学校之间可以师资互聘，学校之间互相承认学分，学生可以选择各校选修课。

宁波高教园区有力推动了宁波教育和区域经济的发展。高教园区吸引了大量人才，扩大了城市规模，有效提升了城市品质和地位。"宁波模式"就此诞生。宁波高教园区产生了全国性的影响。2001年11月，首届全国高教园区（大学城）建设与管理研讨会在宁波召开，宁波高教园区（南区）被认为是全国第一个新型高教园区。很多省市派人来视察、学习，几年后，全国各地相继出现了诸多高教园区。

浙江省总投资219亿元，建成总占地3.9万亩的下沙、滨江、小和山、宁波、温州、浙大紫金港六大高教园区，共入驻37所高校、33万名在校生，全面助力浙江高等教育实现跨越式发展。

时任国务院副总理李岚清同志曾对浙江省高等教育下过一个论断："高等教育滞后是浙江经济社会发展的一个'瓶颈'。"2001年，他又一次实地考察浙江高教园区。浙江省委书记张德江向他报告："我向您报告，这个'瓶颈'已经突破了！"李岚清同志曾在1994年提议，把北京7所高校也这么共建共享，结果由于体制原因，没能实现。浙江实现了这个设想，他很感慨："你们做了一件很大很大的、对子孙万代有益的事情。浙江高教园区建设的规模之大、速度之快，完全出乎我的意料。你们正在建设的新校区，从规划、设计、建设的水平看，堪称世界一流。"

浙江的高教园区取得了令人瞩目的成就，在中国的高等教育发展史上，留下了浓墨重彩的一笔。


## 大事记

2001年　浙江省发布《浙江省国民经济和社会发展第十个五年计划纲要》，决定"大力发展高等教育，基本建成杭州下沙、滨江、小和山和宁波、温州等高教园区，建设一批重点高校、重点学科和重点专业，初步实现高等教育大众化"。

2002年　浙江省六大高教园区，已竣工建筑面积360万平方米，总投资100亿元，已有23所高校、12万名学生入园。

# 民办教育的"浙江现象"

从自然资源的角度看，浙江可以说是"资源小省"，山多地少，人均耕地面积小，自古就有"七山一水二分田"一说。但就在这样先天不足的自然条件下，浙江人民锐意改革、不断开拓进取，使浙江经济发生了翻天覆地的变化，各项经济指标位列全国前列，终于从"资源小省"变成了"经济大省"。浙江在经济领域取得了一系列令人瞩目的成就，在全国产生了重大而深远的影响，这种现象被称为"浙江现象"。浙江从改革开放以来，不断解放思想、敢于创新，积极探索办学体制改革，在民办教育领域，实现了从无到有、从弱到强、从少到多的跨越式发展，取得了突出的成就，成就了民办教育领域中的"浙江现象"。

浙江是全国最早创办民办高校的省份之一。浙江树人大学（今为浙江树人学院）创办于1984年，它和黄河科技学院等都是全国最早创办的一批民办高校，它也是浙江省创办的第一所民办高校。1984

浙江树人学院一景

年，省政协讨论到教育问题，共同认为浙江省的高等教育还比较落后，高考入学率比全国平均水平低，如果利用政协中高校人才多的优势，创办一所民办大学，不仅可以为浙江省高等教育做贡献，解决上大学难的问题，还能通过"民办"机制，推进浙江省的教育改革。学校被定位为"民办为主，民办公助，办新型文理工等结合的综合性全日制大学"。倡议书交上去之后，得到了省政府的批准："同意省政协依靠各民主党派和社会力量筹建一所民办的武林大学，并由省政协进行领导管理，纳入省教育事业发展规划，先办专科。学生入学参加高考统一考试，实行收费走读，不包分配，承认学历，办学经费自筹。""不包分配""经费自筹"等词语在当时可是"新事物"，这些对建校者们和考生家长们而言，都是一种考验。浙江树人大学建立之初，面临着"三无"的局面——没有教师、没有校舍、没有资金。因为是"民办公助"，政府拨付了15万元办学资金。这15万元对办大学来说，只是"杯水车薪"。学校只能"依靠各民主党派和社会力量"。民主党派中有人愿意义务教学，这暂时解决了教师问题。社会力量方面，浙江大学赠送了一批桌椅板凳，可以用来办学。创办人四处奔波，寻求办学资金，很多单位纷纷赞助，甚至连寺庙都捐钱助学。但办学资金缺口仍然很大。学校向杭州电子工学院租借了三间教室和一间办公室。办学条件虽然艰苦，但报考学校的考生达316人，最终超额录取105名学生。首届设立了英语（外贸）和园林绿化（规划设计）两个专业。师生发扬艰苦奋斗精神，浙江树人大学自此诞生。

浙江树人大学办学也很有新意。当时，浙江树人大学瞄准改革开放和市场机制，结合杭州市城市定位，率先开办外贸英语和园林绿化专业，后来还开设了工商管理和装潢设计等专业。有次省贸厅向全国招聘外贸人才，在外语测试中，浙江树人大学的学生得了第一名，很多高分考生也都出自树人大学，经此一役，浙江树人大学树立了社会名声。浙江树人大学的装潢设计专业影响力也很大。当时有个说法，整个杭州市的装潢设计师，10人中有7人是浙江树人大学毕业的。浙江树人大学的建立，打破了由政府独家举办高等教育的格局。从此，在高等教育领域，民办高校如雨后春笋般建立起来。

书生中学

浙江的民办教育形式多样、有创意，全国闻名。1996 年 10 月，台州椒江区，书生教育实业有限责任公司和书生中学成立，书生中学是全国首家以"教育股份制"形式运行的中学。书生中学所开创的新型办学模式——"教育股份制"，以其创新、严谨、规范的制度设计，极大地促进了教育体制改革，成为自 20 世纪 90 年代以来，我国民办教育领域"最有特色的制度创新实践之一"。"教育股份制"引发了民间投资办学是否可以获取合理回报的全国大讨论，在全国形成了巨大影响。2003 年出台的《中华人民共和国民办教育促进法》确立了民办教育的"合理回报"原则，书生教育实业有限责任公司和书生中学的"教育股份制"就是这条原则出台的重要历史参考。

从浙江树人大学和椒江以"教育股份制"创办的民办学校——书生中学两个例子来看，浙江省的民办教育敢于创新，思维活跃，一直走在全国民办教育改革的前列。浙江民办教育的著名例子还有很多，例如，1985 年汤有祥创办了全省第一所民办高中——安吉县上墅私立高级中学，1999 年全国第一所公办普通高校改制的学院——浙江万里学院在宁波诞生。浙江省民办教育中著名的改革创新形式，也是层出不穷——温州的"股份制学校"、湖州长兴的"教育券"、宁波等地的民办教育集团和高教园区……这些均在全国产生了广泛的影响。

到 2002 年年底，浙江省各类民办学校共有约 10 000 所，在校生约 100 万人，约占全国民办教育学校数量和在校生人数的 25%。可以说，全国的民办教育，浙江省"四有其一"，浙江省成为全国民办教育最发达的省份之一。

浙江省的民办学校不仅数量多，而且比较全面。浙江省民办学校涵盖了幼儿园、小学、中学、大学各个阶段，各种办学形式均可以在浙江省生根发芽，总体发展趋势是"起步早、速度快、数量多、发展稳定健康"。从"一穷二白""白手起家"，到初具规模，再到向高质量、国际化迈进，浙江省的民办教育不断改革创新，不仅一举弥补了自身民办教育发展的不足，还在全国探索新型的民办教育模式等方面做出了卓有成效的贡献。改革开放以来，浙江的民办教育展现出了充沛的生命力和竞争力。浙江的民办教育还得到了国家领导人的关注和高度肯定。中央、各省市不断派人来浙江考察、"取经"。

浙江民办教育在改革发展的道路上，走出了属于自己的"浙江模式"。


# 大事记

1978年　党的十一届三中全会之后，邓小平强调"要改革教育体制，培育四有人才"。

1984年　《中共中央关于经济体制改革的决定》中提及："随着经济体制的改革，科技体制和教育体制的改革越来越成为迫切需要解决的战略性任务。"

1985年　《中共中央关于教育体制改革的决定》提出，要从根本上改变教育不适应社会主义现代化建设需要的局面，"必须从教育体制入手，有系统地进行改革"。

2003年　《中华人民共和国民办教育促进法》出台，民办教育获得"合理回报"被写入法律。浙江民办教育的探索为该法的制定提供了重要参考。

# 安吉县上墅私立高级中学

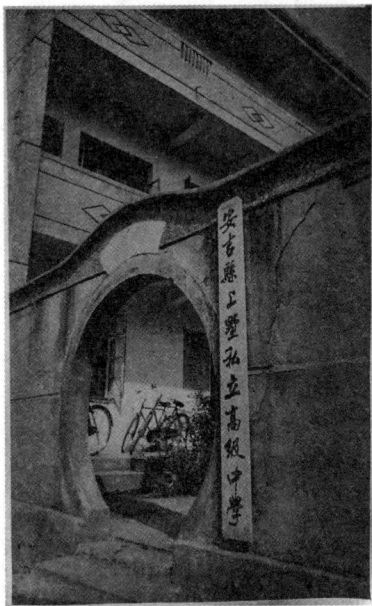

安吉县上墅私立高级中学创办初期的校门（《首吃螃蟹的教育家汤有祥创办了新中国第一所私立高中》，《浙江日报》2018年11月26日）

在浙江安吉，一所中学的建立悄悄在中国民办教育的历史上写下了属于自己的故事，成为轰轰烈烈的民办教育"浙江模式"中的一朵小浪花。这就是被称为"新中国第一所私立高中"的安吉县上墅私立高级中学。

1984年7月，安吉县一个普通中学的数学教师汤有祥看到同事的儿子因几分之差无法升入高中，他深受触动：别人能私人办厂，为什么我不能私人办学？每年2000多名考不上学的初中生，只能失学，造成了巨大的人才浪费。汤有祥从小家境贫寒，靠着国家助学金从浙江省平湖师范学校毕业，家庭、社会和学校的教育理念让汤有祥内心始终对教育有着特殊的情怀。他希望给这些学生一个继续读书的机会，这样才能培养更多的人才，山区农村子弟才能有出路，农村才会有发展。1984 年，汤有祥开办首届农职班，招收的就是中考落榜生。1985 年，他又拿出家里所有的积蓄，并多方借债，建立起属于自己的教学楼——安吉县上墅私立高级中学就这样成立了。汤有祥一直心系所有中考落榜生，他认为，这些被排除在公立教育之外的人，他们的命运不能被"落榜生""后进生"的标签所限制，他提出"不求人人升学，但求人人成才"的理念，全心全意让这些被打上了"失败者"烙印的学生重新开启了属于自己的人生。

安吉县上墅私立高级中学成立后，得到了社会各界的广泛关注和支持。在发展初期，学校面临诸多困难。安吉县、湖州市和浙江省政府不断讨论、争取，及时予以支持。当时湖州市市长费根南曾明确表示："私立高中办得不错，要支持办好。今后有事找我们市委、市政府，我们挑担子！""私人办学"在当时面临的质疑、非议和困难是现实的，汤有祥乘着改革开放的春风，在国家和地方政府的支持下，一路克服困难，走出了一条属于自己的独特的办学之路。

在这所高中里，没有"好学生"和"坏学生"之分。汤有祥甚至取消了"三好学生"这样带有明显公办教育色彩的评价方式，80% 的学生被评为各个方面的"积极分子"，一举打破了唯分数论、以成绩论人的思维模式。虽然私立高中的教学资源和水平比不上公立学校，但是，安吉县上墅私立高级中学注重采用多样化的培养方式，积极探索市场和学校之间的供需关系，及时准确把握市场需求。市场需要外语人才，学校就开设英语、日语、韩语等专业；学校又在全国最早试行"订单招生"……这

办学初期，汤有祥辅导学生功课（《首吃螃蟹的教育家汤有祥创办了新中国第一所私立高中》，《浙江日报》2018 年 11 月 26 日）

种种措施，使安吉县上墅私立高级中学一步步成为全省乃至全国闻名的私立高中。汤有祥后来又创办了浙江宇翔外国语专修学院，成立了上墅教育集团，并积极与加拿大、澳大利亚、日本等国合作办学，引进国外先进的教学理念、课程和方法，办学规模和名声越来越大。《光明日报》《人民日报》等多家媒体曾多次予以报道，甚至是专版、长篇报道。汤有祥成为中国民办教育的先行者和"明星"，先后荣获"全国民办教育十大杰出人物""新世纪改革人物"等光荣称号，为浙江省的民办教育做出了巨大贡献。

## 大事记

20世纪80年代　党的十一届三中全会之后，社会各界开始探索民办教育之路，并涌现出一批民办学校，如浙江树人大学、安吉县上墅私立高级中学等。

1992年　民办教育"积极鼓励、大力支持、正确引导、加强管理"十六字方针在全国成人高等教育工作会议上研究提出，并于次年被写进中共中央、国务院印发的《中国教育改革和发展纲要》，作为国家发展民办教育的基本方针，民办教育由此蓬勃发展。

1998年　浙江省人民政府出台《关于鼓励社会力量参与办学的若干规定》，以政府名义肯定了在此之前浙江民办教育的探索与成就。

# 浙江基础教育课程改革

  2002 年 1 月 16 日，浙江省基础教育课程改革国家级实验区工作会议召开，经教育部批准，杭州市余杭区、宁波市北仑区、金华义乌市被列为国家课程改革实验区，新课程改革在浙江拉开帷幕。

  在基础教育改革领域，浙江省决定逐步以"素质教育"取代传统的"唯分数论"观念，灵活采用多种评价方式，综合考评学生的素质、特长，改变了过去"一卷定终身"的做法。浙江新课改进行了一系列的课程改革和考试录取、评价机制新探索。其中包括：大幅度降低中考试卷难度，将考试从侧重"死记硬背"的书面考试，改为增加一部分"灵活题"，重点考查学生分析解决问题的能力；严格控制考试次数，初中只设期末考试。小学奥数竞赛等形式的考试被一律禁止。考试形式灵活化——中考体育考试类型增加到 3 类 12 项，学生可任意选择项目，报名项数不限，考试次数也不限。政治考试改为开卷考，增加自然科学的实验操作技能测试和计算机上机操作考试。有的地区还根据自身特点，开创了各类具有探索性、新颖性的考试方式。例如，舟山水网地带较多，靠水生活的居民比例较大，舟山中考增加了游泳考试项目——"10 分钟内游泳 200 米"。这对提高学生的生存能力、身体素质，均有益处。温州市中考开始考做饭、种花等"家务活"，注重培养学生的劳动、环保、参与生活等意识。

## 我省基础教育课改进入省级实验阶段

### 张绪培指出 课程改革是实施素质教育的核心

关于浙江省基础教育课改进入省级实验阶段的报道（《教育信息报》2002年10月30日第1版）

在中考录取形式方面，增加免考生，如保送生、直达生的比例，改善"千军万马"过中考这座"独木桥"的固有局面。有的地区免考生比例达到了45%，这大大降低了中考的难度。

在评价方面，评价方式从单一的百分制分数评价，转变为"等级＋评语"的综合评价。对学生的分数评价方式，改为"优、合格、需努力"等形式的"等第制"。除了分数评价改革外，学校对学生的评价、录取依据还有综合素质测评、综合评语以及《学生成长记录册》。学生参加社会公益活动、体育艺术等活动都可以成为综合评价的一部分。例如，新课改之后，余杭育才实验小学的学生，期末不再只收到一张成绩单和教育评语，而是变成了"成长档案袋"。这里面装满了学生学习过程中被奖励的小红花、优秀绘画作品、课堂表现评价、朋友和家长的评语等材料，深受学生的欢迎。这种评价方式更多元，更注重学生的成长和过程性评价。3个"国家级课改区"率先实行中考录取不以初中毕业生学业考试成绩为唯一标准，而是综合参考《学生成长记录册》、综合素质测评和评语等过程性材料，充分体现了"方法多样、评价多元、新生选择、适者录取"的精神。

浙江高考改革尤为引人瞩目。2005年，全省初中升高中入学比例达到了91%，高中课改时机成熟。2006年秋季，浙江省全面启动高中新课改工作。浙江省对高中新课改极为重视，将之列为"一把手工程"。新课改核心思想是

"促进全体学生在共同基础上有个性地发展"，突出"学生可以而且应当有选择地学习"。2008年4月7日，新课改高考方案出台，推出"三位一体"的新考试、评价体系——高中学业水平测试（高中会考）、统一选拔考试和综合素质评价。高中学业水平测试成绩是高校录取时的重要参考，也是保证考生基本达到国家规定各科目学业标准的重要措施，但它不是最重要的评价依据。更引人注目的是"统一选拔考试"，也就是通俗意义上理解的"高考成绩"。新课改后的"统一选拔考试"最大特点就是分类考试。语、数、外不变，学生可以再选择三类不同的考试内容，也就是有所变化了的"3+X"模式。

1. "3+综合（文/理）+自选模块"。"自选模块"就是学生可以在语、数、外、政、史、地、物、化、生这些模块，总共18道题中任选6道。增加"自选模块"是为了提高学生将知识融会贯通、用知识灵活解决问题的能力。此类考试方式对应第一批录取院校。

2. "3+综合（文/理）"，就是原来的考试模式。此类考试方式保留了之前高考"3+X"的基本模式，重点考查学生对通用型知识的掌握、运用能力，最大程度上保证了高考新课改的稳定性和延续性。选择此类考试方式的考生，主要目标是第二、三批录取院校。

3. "3+技术（信息技术或通用技术）"。这类考试方式重点考查学生的技能型能力，对应第四批录取的职专院校。

学生在高中阶段需要参加英语听力测试和技术考试（包括信息技术和通用技术），一年有两次机会考试，考试成绩两年内有效，学生可自主选择一次成绩计入高考总分。这大大增加了这两类考试的机会，有效缓解了一部分学生的压力。

此次高中新课改的第三个重要方面——综合素质评价，也有较大改革。其一改过去以分数作为成绩和评价唯一依据的局面，此次综合素质评价注重考查学生在整个高中阶段的"成长过程"，也就是变为"成长性评价"，向着"素质教育""自主学习""以学生为本"等方向改革。综合素质评价考查学生6个方面的表现：品质与素养、学习能力、审美与艺术、运动与健康、探究与实践、劳动与技能。和初中生一样，浙江省高考生每人都有一份《浙江省普通高校招生考生综合素质评价基本信息表》，里面记录着每个考生在整个高中阶段各个方面的学习表现，这是录取高校除了"统一选拔考试"成绩外，评价学生的重要参考依据。成绩也不再是唯一的评价标准，综合素质评价方式变为"写实性评价"和"等第评价"——例如，用A（优）、B（良）、C（合格）、E（不合格）这类等第评价取代以往的分数评价。综合素质评价严格遵循"客观、公正、公开"的原则，评价结果会公示。浙江省高中新课改，保留了"3+X"的基本模式，同时增加了分类设置，兼顾了"稳定"和"创新"，充分考虑到社会的承受力和新时代教育改革的需求。

综合来看，浙江省的基础教育改革，改变了传统教育模式"一考定终身"的弊病，着意促进学生个性、兴趣及成长的过程性和全面性，在考试方式、评价方式等教育观念上增加了灵活性和个性化特征。分数不再是唯一的评价依据，学生的个性、能力等素质，同样是重要的升学影响因素。学生的成长过程和综合素质，成为浙江省基础教育的新"焦点"。这使得浙江省的基础教育向着"以学生为本"和"素质教育"的方向又迈出了坚实的步伐。

## 大事记

1998年至2001年　国家先后出台了《面向21世纪教育振兴行动计划》《中共中央　国务院关于深化教育改革全面推进素质教育的决定》《国务院关于基础教育改革与发展的决定》等文件，着手在全国开展基础教育改革工作。

2008年4月7日　经过广泛征求意见、充分论证后，浙江省教育厅正式公布了《浙江省新课改高考方案》。

# 职业教育六项行动计划

2006 年，浙江省决定实施为期两年的"浙江省职业教育六项行动计划"。该计划的目的在于培养技术工人，大力促进浙江职业教育快速发展。"浙江省职业教育六项行动计划"分别是：职业院校助学奖学行动计划、中等职业学校实训基地建设行动计划、中等职业学校师资队伍建设行动计划、县级骨干职业学校建设行动计划、职业教育校企合作行动计划、提升劳动力素质行动计划。

2008 年，浙江

## 衢州市实施职业教育"六大计划"

本报讯（通讯员 余雨生 姜建华）近日，衢州市政府下发《关于进一步加快发展职业教育的若干意见》，该《意见》提出，从今年起，衢州市在"十一五"期间将重点实施职业教育"六大计划"，推进浙闽赣皖四省边际职业技能培训中心建设。

衢州市职业教育"六大计划"分别是：职业院校助学奖学计划、实训基地和专业建设计划、职校师资素质提升计划、优质职业教育资源培育计划、校企合作计划、新型农民技能等级培训计划。这六项计划既有目标任务又有具体的保障措施，既有国家、省规定的内容又有衢州市的特色，具有较强的可操作性和创新精神。如"优质职业教育资源培育计划"就鲜明地提出了要充分利用衢州市的区位优势，做大做强衢州职业教育，打造衢州职教品牌，不仅要切实解决衢州市企业用工难的问题，而且要实现建设浙闽赣皖四省边际职业技能培训中心的战略构想。

"十一五"期间，衢州市每年投入 300 万元，主要用于实施衢州市职业教育"六大计划"及市本级中职学校上述的各项补助。中职学校生均经费标准按高于普通高中的标准安排，教育费附加地方可用部分确保不低于 30% 用于发展职业教育，主要用于职业学校实验、实习设备的更新和办学条件的改善；建立职教助学奖学制度，符合标准的城乡低收入人家庭子女就读中职学校可免交学费；建立中职学校本地就业年度考核制度，对本地就业率高的职校（含民办）予以相关经费补助和奖励。鼓励行业企业参与职业教育实习实训基地建设，市财政安排专项经费给予奖励；从 2007 年起，规模以上企业要逐步实行职业资格证书准入制度，到 2010 年开始全面执行，对从事技术岗位未取得职业资格证书的技术工人，企业要争取在 3 年内对其进行全面轮训。

据悉，衢州市每年都将拨付专项资金用于职业学校骨干专业建设，积极扩大先进制造业、现代服务业和现代农业类等紧缺人才的相关专业规模，形成合理的专业结构和规模效益。对于"双师型"教师队伍建设，市财政也将每年安排专项经费，作为中职学校专业课教师的培训经费。到 2010 年，全市中职学校专业课教师 80% 以上要成为"双师型"教师。

关于衢州市实施职业教育"六大计划"的报道（《浙江教育报》2007 年 8 月 22 日第 2 版）

省又开始实施新一轮的计划——"职业教育六项行动计划（2008—2010）"，3年投入 6.3 亿元，继续深入推进职业教育发展。

浙江省政府投入如此规模的资金发展职业教育，在全国来说，都是少见的。浙江省发展职业教育的决心大，也有其历史背景。

"浙江省职业教育六项行动计划"实施的直接原因是，前一年，也就是2005 年，第六次全国职业教育工作会议在北京召开，会议决定，中央财政在"十一五"期间带头投入 100 亿元，促进全国职业教育大发展。消息一出，浙江省政府迅速采取了行动，根据省内职业教育发展状况，出台了"浙江省职业教育六项行动计划"。这项计划出台的一个重要原因还在于浙江省出现了"技工荒"问题。2004 年，有关单位对杭州、宁波、绍兴、台州 4 个城市的技工情况做了调查，结果显示，技工缺口为 66%，高级技工缺口达 93.8%。《2006年浙江发展报告》显示，全省的人才存量不足、技术工人短缺。

在这样的历史背景下，浙江省加快了对职业教育的投入和改革。2006 年，省职教会宣布启动"浙江省职业教育六项行动计划"。

该计划的第一项是职业院校助学奖学行动计划。促进职业教育发展，首先要保障在校生能顺利完成学业。浙江省人民在职业教育方面的观念在全国来说，是比较"先进"的，有相当比例的人已经不再把职业教育当成"次等教育"看待了。这和浙江省的经济发展以及省政府对职业教育的重视有关。即便如此，接受职业教育的学生中，大多数还是来自农村和城镇低收入居民家庭。为保障这些群体的求学权利，浙江省实施"职业院校助学奖学计划"，该计划包括四部分：国家助学金（含教育资助券）、特殊专业减免学费、省政府奖学金、校内人民助学金。总的来说，就是加大资金投入，提高奖助学金金额、比例，扩大范围和丰富形式。例如，困难家庭子女享受国家提供的学费、代管费、实训费和爱心营养餐；低收入家庭学生享受国家助学金提供的学费和爱心营养餐；其他学生可以得到一年 1500 元的国家助学金。大中专学校中，农业种养技术类、市区制造业紧缺技术类、艰苦行业技术类等特殊专业的学生不用交学费。2007 年一年，浙江省政府共投入 2.8 亿元用于资助中职在校生国家助学金。5%的优秀学生可以获得每人每年1000元的国家奖学金。

在实训基地建设方面，省政府计划2年内建成70个能够资源共享、高水平、能起到示范性作用的省级中职教育实训基地，5年内建100个国家和省级中职实训基地。

在师资队伍建设方面，省政府决定在2年内对全省所有中职学校专业课教师进行轮训，以培养实训指导能力和"新知识、新技术、新工艺、新方法"为主要方向。继续加快建设具备专业知识和实践能力的"双师型"师资队伍，到2007年培养4000名职业能力达到高级工及以上的"双师型"教师，到2010年"双师型"教师比例要达到80%。

在县级骨干职业学校建设方面，2006年，省政府共投入48.2亿元，新建或改扩建119所中职学校，大大增强了这些学校的办学能力。2008年，省财政投入2.17亿元，重点支持欠发达地区骨干职业学校的建设。2006年一年建设了19家省级实习示范基地。

在提升劳动力素质方面，省政府组织了"百万农民培训工程""百万职工双证制教育培训工程""阳光工程""千万农村劳动力素质培训工程"四大工程，提升广大农民、城镇居民的劳动素质。计划到2010年，培训1000万名农村劳动力。全省企业管理人员培训人次要达到78万。针对欠发达地区具有真才实学但是因为家庭贫困无法上学的农村青年，省政府实施了"扶千名人才、促千村发展"计划。省政府资助他们到大学深造，计划造就一批有一定学历的高水平技术人才回乡促进乡村发展。另外，浙江省还开展了农村预备劳动力培训和承认"双证制"教育培训等工作，并取得了积极成效。

从2005年到2009年年底，除去国家助学金，全省财政共投入8.4亿元，带动地方政府配套投入37亿元。全省职业教育规模增长迅速，各地职业教育学校办学条件得到了较大改善。与2005年相比，生均建筑面积增加24.8%，实训用房总面积增加76.8%，生均教学仪器设备值增加64.3%，专任教师学历合格率达到91.5%。全省职业教育结构得到进一步优化，各地涌现出一批上规模、高水平的中职学校，以及一大批特色、新兴专业。浙江茶文化历史悠久，西湖龙井全国闻名，杭州市开设了"旅游服务与管理"（茶文化）专业；绍兴开设了染织专业；丽水市青田县石雕艺术历史悠久，当地开办了一所石雕艺术学校，学校施行免费就读，这在全国属第一，该校的石雕工艺专业、烹饪专业被评为省示范专业……各地将这些各具特色的专业与当地文化、经济结合起来，有力促进了地域文化的传播、经济的发展。中职学生的人才质量得到质的提升。全省中职学校毕业生就业率从 2007 年的 96.7% 提高到 2009 年的 97.9%，专业对口率从 77.5% 提高到 81.1%。浙江中职学生在近年全国职业院校技能大赛中屡获佳绩，成绩位居全国前列。劳动力素质提升计划造就了一大批具有一定技术能力的农民劳动者和技术工人，培养了数量可观的高素质企业管理人才，显著提升了全省劳动力素质。

## 大事记

2006年　浙江省通过了《浙江省人民政府关于大力推进职业教育改革与发展的意见》，决定实施为期两年的"浙江省职业教育六项行动计划"。

2008年　新一轮 "职业教育六项行动计划（2008—2010）"在全省展开。

浙江省部分地区早在 2006 年就开始开展"阳光体育"活动。例如，宁波市北仑区从 2006 年 9 月开始了"阳光体育"活动。该区小学的学生每天上午 8:30 之后，有一小时的时间锻炼身体。跳舞、踢毽子、打球等各类运动形式多样。杭州市的小学也开展了"阳光体育"活动，杭州市濮家小学在 2006 年"阳光伙伴"全国总决赛中获得了一项冠军，这为全省普及"阳光体育"活动打下了良好的基础。

**我省学生阳光体育运动拉开序幕**

本报讯（记者 黄莉萍）3月27日，在杭州黄龙体育中心体育馆，副省长盛昌黎宣布由省教育厅、省体育局、团省委、杭州市教育局、杭州市体育局等联合主办的浙江省暨杭州市学生阳光体育运动正式启动。这天距离北京奥运会开幕还有 500 天。

启动仪式上，围绕"青春 健康 奥运"主题，来自全省各大中小学的数千名学生进行了"阳光伙伴"齐步跑、中国功夫、广播操、健美操、羽毛球、足球、课间游戏等学校体育项目的展演。本次展演活动充分展示了我省特别是杭州市学校体育教学和改革的成果，以及各中小学的特色体育项目。与此同时，全省 600 多万名中小学生也地走出教室，快乐地奔跑在操场上，进行 1 个小时的体育活动。

省人民政府副秘书长马林云，省委教育工委书记、省教育厅厅长刘希平，省体育局局长李云林，杭州市副市长陈重华，省教育厅副厅长鲍学军，省体育局副局长应剑明，共青团浙江省委副书记蔡永波以及杭州市教育局、体育局的有关领导观看了展演。

图为启动仪式上省体育运动技术学院学生表演艺术体操。（本报实习记者 张倩 摄）

关于浙江省学生阳光体育运动拉开序幕的报道（《浙江教育报》2007 年 3 月 29 日第1版）

2007 年 3 月 27 日，浙江省召开了全省学校体育工作会议，决定在全省启动"阳光体育"活动，并制定了五年规划，要求各地加强体育设施建设，要在 2010 年前达到省定标准，加大对欠发达地区学校体育建设的支持力度，体育经费要与教育经费实现同步增长；完善体育课程和师资队伍，确保学生每天锻炼一小时。为切实保障学生的体育运动时间，省教育厅、体育局和团省委三部门要求各校开足体育课，不得以任何形式缩短、占用体育课。三部门对体育课时间有硬性规定：每周小学要有三至四节体育课，初中要有三节，高中要有两节，当天如果没有体育课要加一节体育活动课。课表中一定要有体育课、体育活动课、课间操（大课间活动）以及眼保健操。学校要为学生每年做一次体质测定，为每一个学生建立学生体质健康档案。从 2008 年开始，体育成绩按不低于 5% 的标准计入中考成绩，高中要把体育课列入学业考试。在全省开展"阳光体育"运动，推进"体育艺术 2+1"项目，每个初中、小学学生必须掌握至少两项体育技能，使得"健康第一""达标争优，强健体魄""每天锻炼一小时，健康工作五十年，幸福生活一辈子"等口号深入人心。

2007 年 3 月 27 日下午，浙江省教育厅、体育局和团省委三部门在杭州市黄龙体育中心体育馆和现场数千名小学生，一起开启了"浙江省暨杭州市学生阳光体育运动"。全省各级各类学校由此开始了丰富多彩的"阳光体育"活动。

常山县钳口小学在"大课间活动"中重新挖掘传统游戏的魅力，使曾经在孩子们中间流行的滚铁环、踢鸡毛毽子、斗拐等游戏重现校园。图为钳口小学的孩子们在玩滚铁环游戏（《教育信息报》2007 年 11 月 15 日第 2 版）

从 2007 年开始，全省大、中、小学广泛开展各类形式的"阳光体育"活动。小学中实施"大课间活动"，低年级的学生玩"老鹰捉小鸡"等游戏，中年级的跳皮筋，高年级的玩篮球、足球等。杭州市娃哈哈小学有跳绳、400 米跑、立定跳远等项目；杭州时代小学有仰卧起坐、投沙包等项目；杭州抚宁巷小学增加了 50 米跑和耐力、体能测试；嘉兴一中实验学校的学生冬季有长跑活动；金华市中小学的"大课间"体育活动，会邀请社会相关人员现场观摩。

各校每学期都会测试学生体质，除了身高、体重、肺活量这些必测项目，各校可选择有特色的运动项目，测试学生的体能与体质。这些测试成绩，年底都要汇总上报。学生体质工作也是考核学校的重要依据。

浙江省政府从 2008 年起，逐渐在全省建立起了三大中小学体育赛事——篮球联赛、乒乓球联赛和足球联赛；分批评选了数量可观的"阳光体育后备人才基地"，到 2009 年，全省共有 3 批 39 所学校成为"阳光体育后备人才基地"。

浙江省还着手建立了一批体育俱乐部及活动营地等。浙江省先后制定《浙江省青少年体育俱乐部创建办法》《浙江省青少年户外体育活动营地创建办法》等文件，积极创建青少年体育俱乐部、社区体育俱乐部和农村体育俱乐部。到 2009 年，已建立的青少年体育俱乐部中，国家级 110 个，省级 110 个；青少年户外体育活动营地中，国家级 2 个，省级 8 个。到 2012 年，青少年体育俱乐部中国家级达到了 126 个，省级达到了 336 个；青少年户外体育活动营地中，国家级 3 个，省级 35 个。

"阳光体育"成效显著。以宁波市北仑区为例：在施行"阳光体育"之前，宁波市北仑区就发现一些学生体质差的现象——一所小学，半小时的学校集会，至少 10 多个学生晕倒，军训站 10 分钟就有人晕倒，操场跑一圈就累……到 2009 年，"阳光体育"开展了 3 年有余，宁波市北仑区学生体质得到了明显提升。之前出现的学生晕倒现象已经大为减少，容易得流感的学生也少了。整个北仑区小学的体能合格率连续两年保持在 90% 以上。

2010 年，杭州西湖区、宁波北仑区、温州瓯海区被评为"全国阳光体育先进区"。温州瓯海区还获得了"第二届全国亿万学生阳光体育冬季长跑活动优秀组织单位"称号。


## 大事记

2006年12月20日　教育部、国家体育总局和共青团中央联合下发《关于开展全国亿万学生阳光体育运动的通知》，要求全国大、中、小学校从2007年开始开展亿万学生阳光体育运动，用3年时间，实现85%以上的学生每天锻炼一小时，至少掌握两项日常锻炼的体育技能，85%以上的学校全面实施《学生体质健康标准》，通过"阳光体育"，切实增强学生体质，提高健康水平。

2007年4月29日　"全国亿万青少年学生阳光体育运动"启动仪式在北京举行，由此拉开了在全国学校中开展"阳光体育"的大幕。

# 高考加分"瘦身"

第29届浙江省青少年科技创新大赛的参赛选手饶伊珂的父亲说道："我们不为孩子加分，只要她有兴趣，就放手让她去做。"与往常不同的是，这一届浙江省青少年科技创新大赛不再列为浙江省高考加分项目。即便如此，一直爱好科技创新和发明的饶伊珂同学依旧带着她的新发明——"智能遥控太阳能水面清捞船"来参赛了，并获得了创新项目一等奖的好成绩。2015年，第29届省青少年科技创新大赛是科技类竞赛加分被省教育厅宣布取消作为高考加分项目后，首次举办的省级科技竞赛类大赛。与想象中不同的是，此次赛事并未出现较以往"冷清"的态势，

从2010年起，《中国青年报》刊发一系列文章，关注浙江高考加分项目（《中国青年报》2010年11月20日第1版）

部分项目参赛数量反而有所提升。其他参赛选手和老师们都抱着和饶伊珂及其父亲饶建明相似的态度。杭州高级中学领队老师储王伟说："取消高考加分没有什么影响，我们学校今年的申报项目还比往年多一些。学生们不会再刻意去选容易获奖加分的项目，而是做自己喜欢的创意。"不为"高考加分"，秉持着对科技发明的喜爱，听从内心的声音，而不是外界利益的"诱惑"，这样的比赛初衷，让科技竞赛更纯粹。

但对于另外一部分人而言，取消部分高考加分项目，是一个不小的"打击"。在此之前，对高考加分的争议，也一直在持续。2009年，有部分浙江家长质疑浙江省高考体育加分不公现象。《中国青年报》派记者深入浙江各地市调查后发现，"三模三电"（航海建筑模型、航空航天模型、车辆模型与无线电测向、无线电通信、电子制作）项目成为高考加分舞弊的一个突出现象。2008年，浙江省高考体育加分名单中，"三模三电"类考生有198名，占比45.21%。2009年，参加浙江省高考体育加分的学生中，"三模三电"类考生猛增至741名，占比47.65%。

2010年12月31日，浙江省宣布，从2011年起，高考加分要"大瘦身"，所有加分项目加分分值一律降为10分。2011年1月4日，浙江省教育考试院宣布，从2011年起取消"三模三电"加分项目。同时，科技类竞赛获得全国前三名才有资格加分，省赛获奖不加分。例如，"奥赛"项目只有获得全国决赛一、二、三等奖才能加分。全国青少年科技创新大赛、"明天小小科学家"只有第一作者才有加分资格。

作为过渡期，"老人老办法，新人新办法"，"三模三电"项目于2014年彻底退出了高考加分舞台。不过，浙江省高考加分新政出台之后，"三模三电"等项目参加人数持续走低。2009年，"三模三电"类考生有741人；到了2010年，通过"三模三电"项目获得高考加分的有652人；2011年减少至250人，"三模三电"类减少人数占当年高考加分减少总人数的65%以上；2014年则为0人。

根据中央精神，从2015年起，浙江省进一步对高考加分项目进行"瘦身"。一些全国性加分项目，如"省级优秀学生""思想政治品德突出事迹者""科技竞赛获奖者"等被取消加分资格；体育、艺术、科技、三好学生、优秀学生干部等地方性加分项目也被取消。

饶伊珂和她的清捞船在之后举办的第30届全国青少年科技创新大赛上，获得了青少年科技创新项目二等奖和博通大师奖两个奖项。高考加分政策的变化未能"阻挡"这个天生好奇心、创造力俱强的"小问号"在科技创新的路上"一路狂奔"。2018年，饶伊珂带着她的新作品——"具有多种防护措施的安全自动扶梯"，又斩获了第18届"明天小小科学家"称号。而这个称号，同样不会给她高考加分。从省赛到全国比赛乃至国际比赛，饶伊珂一直带着她对科技的热爱，执着地追求梦想。

## 大事记

2009年　浙江省高考加分项目——"三模三电"加分受到质疑。

2010年　浙江省宣布，从2011年起，高考加分要"大瘦身"。

2015年起　浙江省进一步对高考加分项目"瘦身"，部分加分项目被取消。

# 教育援疆

"寒尽桃花嫩，春归（　　）新"，括号里应该填什么词？阿瓦提县鲁迅小学四年级（3）班的一名学生给出的答案是"柳叶"，而在屏幕另一端，远在绍兴市鲁迅小学和畅堂校区四年级（4）班的另一名学生则认为"柳枝"更好。

2019年6月19日，新疆阿克苏阿瓦提县鲁迅小学正和绍兴市鲁迅小学异地同步共上一堂课。屏幕两端的学生对"云课堂"兴趣满满，大家讨论起课堂内容来热闹非凡。阿瓦提县鲁迅小学由浙江省绍兴市全额投资援建。这间现代化、科技感十足的"绍阿同步教室"也是由绍兴市援疆指挥部援助建设的。通过先进的5G+互动教学系统，绍兴、阿克苏的师生实现了共享优质教育的愿望。2020年，新型冠状病毒也没能阻挡浙江教

2019年6月19日，新疆阿克苏阿瓦提县鲁迅小学四年级学生通过"云课堂"和绍兴市鲁迅小学四年级学生共上一堂课（"浙江在线"2019年7月21日报道）

育援疆的脚步，反倒催化出更具创新性的探索。实施"互联网＋教育"，构建"空中课堂"，就是其中一个成功的尝试。

教育援疆不仅有"高科技"，绍阿"连线"，还有"真感情"。阿瓦提县鲁迅小学开展了"书信交友手拉手"的"两地书"活动。阿瓦提县的每个小朋友平均能收到四五封来自绍兴各小学的友好书信。阿瓦提县鲁迅小学五年级（6）班的阿丽亚·艾力同学多了一位远方的朋友："她叫姚思甜，我会好好珍惜这份友谊，好好学习，和我的朋友共同进步。"阿丽亚·艾力很开心地复信，并热情邀请姚思甜同学来新疆做客。温州市和拜城县的小学生、宁波市镇安小学和库车市第八小学也都开展了热热闹闹的"书信交友手拉手"活动，让很多新疆的小朋友交到了远在浙江的"新朋友"。

浙江启动的"百校十万'石榴籽'"工程，数百所学校的10万余名学生通过"书信交友手拉手"、QQ、微信等形式交流学习，在"友情"与"爱心"中共同成长。今后，"百校十万'石榴籽'"工程会在浙阿两地建立常态化合作交流机制，涵盖幼儿园、小学、中学和大学，让"友情"在浙阿两地扎下更深、更绵长的"根"。

浙江援建校舍成就瞩目。自从1997年浙江省派出首批援疆干部以来，时光已匆匆过去二十几个年头。2020年是浙江省对口支援新疆阿克苏地区和兵团一师阿拉尔市十周年。在浙江全力支援下，阿克苏地区和兵团一师阿拉尔市的教育面貌发生了翻天覆地的变化。阿克苏和阿拉尔市学校的校舍建设和设备水平之高，有些甚至令人惊讶。

阿克苏市天杭实验学校和杭州市天杭实验学校结对，在杭州市援建下，阿克苏市天杭实验学校成为一座"数字化""智能化"感十足的现代化中学；标准田径场、

阿克苏市天杭实验学校操场

图书馆、现代化教学设备一应俱全；教室宽敞明亮，并配套各种电子教学设备，安装了交互式电子白板，甚至还有鹰眼捕捉和人脸识别系统。

库木巴什乡中心小学、喀拉塔勒镇中学，用上了石墨烯地暖设备，孩子们冬天再也不怕冷了。阿克苏地区沙雅县原来的县第二、第五小学等学校，存在校舍简陋、环境脏差等问题，嘉兴市对口援助沙雅后，投资4565万元高标准建设了沙雅县嘉兴第一实验学校。建成后的小学校舍整洁漂亮，学校的阿依古丽老师说："明亮的教室，崭新的课桌椅，富有弹性的塑胶跑道，绿草如茵的球场……我们以前想都不敢想，如今却在里面教学生，真是开心！"新和县丽水小学、库车县阳明小学、柯坪县柯坪·湖州国庆中学这些中小学背后都有类似的故事。

从2017年到2020年，浙江省共投入12亿多元资金用以支持新疆教育，教育援疆资金占比逐年提高。浙江在2019年一年就支援新疆建设完成11所示范国语幼儿园，提升改造122所幼儿园，已建成82个有声童书馆、3个国学馆，建设完成一批具备舞蹈室、音乐厅等配套设备的幼儿园。

从幼儿园、小学到大学，学校成了当地最漂亮的建筑，这让更多孩子们愿意来学校读书。乌什·衢州小学原来是所"流生"现象严重的薄弱学校，经过衢州对口援建后，学校成了香饽饽。家长们纷纷表示："学校整洁漂亮，学生文明有礼。学生们不仅兴趣特长广泛，学习成绩也进步飞快，我们都愿意把孩子送到这里来。"

校园硬件设施是基础，新疆教育的提升，离不开人才的培养。2017年以来，浙江"万名教师支教计划"派遣753名教师援疆，涵盖了从幼儿园到大学的"全链式"新型组团教育援疆模式。浙江也对新疆学子敞开怀抱。利用"普通高校毕业生赴对口援疆省市培养计划"、定向培养大学生项目等形式，浙江各地中学、大学热情接待来自阿克苏地区和阿拉尔市的学子来浙江接受教育。浙江利用数所国家级重点职业学校，举办内地中职班，帮助新疆培养职业教育人才。

浙江教育援疆，有的把家搬了过去，成了"新新疆人"；有的在那里收获了深厚的友情和爱情；有的将自己的生命永远献给了那片土地……当地人民也回馈给援疆浙江人的深厚而真诚的感情，把浙疆两地人民的心，牢牢牵在了一起。新的时代，浙江的教育援疆，必将结出更丰硕的成果。

# 长三角教育联动发展

2020年，央视《新闻联播》播报长三角一体化示范区跨省域中职统一招生

2020年秋季，中央电视台报道了一条关于长三角地区中职招生的消息。来自浙江省嘉善县的学生王庆威，得以入读江苏省吴江中等专业学校。王庆威说，嘉善没有他喜欢的中职专业，而吴江中等专业学校有，于是他决定来江苏读书。王庆威的"身份"可不简单——他是全国首批跨省域上职业学校的学生之一。

长三角一体化，教育是重要的一环。长三角一体化示范区执委会在调研中发现，示范区内的职业教育存在一些急需改革的问题。例如，青浦、吴江、嘉善的特色产业较发达，相应的技术工人需求量大，但是却存在示范区内职业教育互动不足，存在一定的区域间隔现象，这对促进示范区内人才流动和产业发展是不利的。例如，吴江的电梯、模具制造等专业比较强，但机电工人缺口一直填不上；而嘉善中职院校的机电专业却很强。另外，像青浦的物流专业，苏州的纺织专业，嘉善的机电、旅游等专业，都很有特色。但由于三地所采用的教育资源、考试体系都不同，再加上区域间的壁垒，想要实现跨省域招生，存在诸多困难。

基于上述情况，2020 年，示范区执委会决定在示范区内实行"三统一"，即统一招生录取、统一教学标准、统一学籍管理，采用"籍随人走，学分互认，跨校选课，毕业互通"的管理模式。2020 年，上述三地 7 所中职学校统一开展跨省域招生，这在全国还是首次。

像王庆威这样的例子还有不少，来自苏州市吴江区的倪佳诚和顾晴雨，来到了浙江省嘉兴市嘉善信息技术工程学校就读旅游服务与管理专业，倪佳诚表示："这里的学校、老师特别好，很庆幸自己当初的决定。""学校的硬件设施、实训场地、校企通道都很棒，周末坐汽车回家也只要一小时车程，未来有可能的话我会选择留在嘉善工作，做一名全陪导游。"

示范区内跨省域招生，在一定程度上促进了教育资源的优化整合。在此之前，上述三地的职业院校在专业设置上，更多地考虑"全面性"；在此之后，各校在专业建设方面加强特色专业，调整部分重复、弱势专业。长三角示范区内职业教育的跨省域招生将促进示范区内职业教育的特色化、均衡化和一体化发展，以更具竞争力的姿态走向世界舞台。

跨省域招生是长三角地区教育一体化进程的"缩影"。长三角地区教育一体化进程，又离不开整个长三角地区战略地位的发展变化。自 20 世纪 90 年代以来，长三角地区就开始了"一体化"联动发展的历史进程。教育领域是长三角一体化进程中重要的一环，教育的联动发展离不开从民间到政府的长期努力。教育部和长三角地区各省、市政府也不断推动着长三角教育一体化的发展。

在高等教育领域，长三角地区先后成立了长三角高校合作联盟、新长三角八校联盟、长三角地区应用型本科高校联盟、长三角研究型大学联盟、长三角医学教育联盟、长三角 G60 科创走廊高水平应用型高校协同创新联盟等组织，联盟内实现学分互认、特色互鉴、教育资源共享。

在民办教育领域，上海、江苏、浙江和安徽民办教育行业在2018年共同发起成立了"长三角民办教育一体化发展联盟"；在基础教育领域，"普陀区教育局与苏州、嘉兴、芜湖教育局深化基础教育合作项目"在2020年成功立项。长三角中小学名校长联合培训、长三角一体化未来体育教师暑期夏令营等活动如火如荼地开展起来。

吴江的学生可以去浙江、上海读书；嘉兴毕业的人才可以在三省一市"择良木而栖"；从上海来嘉兴工作的家长，孩子可以在嘉兴顺利入校读书；上海、浙江、安徽、江苏的教师和校长可以依托长三角一体化各类培训项目互相交流、学习；三省一市的学生可以通过VR（虚拟现实）技术、"空中课堂"、教育基地等形式，享受到更优质的异地教育资源；在宁波、苏州、合肥等"长三角城市群"，与三省一市的985、211高校和科研机构合作办学的学校"遍地开花"，极大促进了示范区内教育的均衡化、协同化发展……这些示范区内的教育新事物，正在这片神奇的长三角一体化示范区闪耀出夺目的现代化教育之光。

## 大事记

2003年　上海市和江苏省、浙江省政府签订《关于加强沪苏浙教育合作的意见》，着力促进一市两省教育联动发展。

2009年　上海市教育委员会、浙江省教育厅、江苏省教育厅签署《关于建立长三角教育协作发展会商机制协议书》。

2014年　教育部下发了《关于进一步推进长江三角洲地区教育改革与合作发展的指导意见》，在国家政策层面给予大力支持。

2016年　安徽省加入长三角教育协作发展会商机制。

2017年　嘉兴市出台了《沪嘉教育同行计划（2017—2020）》，继续在教育领域深入对接上海。

2018年　苏浙皖沪三省一市签署《长三角地区教育更高质量一

体化发展战略协作框架协议》，并制定了《长三角地区教育一体化发展三年行动计划》等，不断使长三角区域教育向"一体化"发展。

# 义务教育阶段学生营养改善计划

　　浙江省施行义务教育阶段学生营养计划最早可追溯到20世纪80年代。在这一阶段，学生营养计划实施范围只限于城市，更多关注的是城市儿童预防肥胖等问题，缺乏对农村学生的关怀。

　　2000年以后，浙江省部分地区开始施行义务教育阶段学生营养第二个阶段计划。例如，青田县从2004年开始实施"爱心营养工程"，全县义务教育阶段寄宿制和家庭困难的1万余名学生可以享受到每周3顿免费营养餐。营养餐荤菜以鱼肉蛋为主，素菜以青菜豆腐为主。在此之前，腊口镇铁资中学有超过七成的学生是住校生，他们大多生活比较贫困，每周只能以从家里带来的霉干菜佐饭。和青田县大部分中小学一样，学校食堂只是为学生蒸饭、热饭的地方。"爱心营养工程"实施后，这些学生的一日三餐中有菜有肉，个个喜笑颜开。

## 磐安所有农村寄宿生吃上"爱心营养餐"

　　**本报讯（通讯员 胡银梁）**11月1日，在磐安县九和小学的食堂中，237名寄宿生围在餐桌上，一边吃着大块肉，一边喝着紫菜汤，欢声笑语不绝于耳。原来，这天的中餐是学校免费提供的"爱心营养餐"。

　　为改变农村学校寄宿生营养不良的状况，确保他们健康成长，今年9月，磐安县人民政府在《关于实施中小学"爱心营养餐工程"的试行意见》中规定：磐安县所有乡镇中小学寄宿生和城区中小学贫困生均列为"爱心营养餐工程"资助对象。将"爱心营养餐工程"资助对象从贫困生扩大到所有农村学校寄宿生。

　　由于资助范围的扩大，为解决资金不足问题，《意见》规定，资助经费由省补助、县拨、乡镇财政配套和社会各界捐资4部分组成。一方面，由县统一资助，全县每年共筹资100多万元，由学校负责给寄宿生提供每周2至3餐荤素搭配、营养合理的营养餐。另一方面，有条件的学校可以增加资助餐数或提高资助标准。据了解，在社会各界的资助下，该县边远的盘峰、高二、维新、九和等近10个乡镇在县统一实施"爱心营养餐工程"的基础上，通过"上级补助一点、社会捐助一点、家长自筹一点"的办法，让寄宿生在校期间一日三餐均吃上营养餐，大大改善了农村学生的营养状况，受到了当地老百姓的欢迎。

关于磐安所有农村寄宿生吃上"爱心营养餐"的报道（《浙江教育报》2005年11月3日第1版）

2005 年，浙江省率先在全国开始实施"农村中小学爱心营养餐工程"，每生每年补助标准不低于 200 元，还将低保户家庭子女、福利机构监护的未成年人、革命烈士子女、五保供养的未成年人以及符合条件的低收入家庭子女等纳入照顾范围。符合条件的学生可每周享受两三顿荤素搭配、营养合理的营养餐。"营养餐工程"有专人负责，充分保证食品采购、烹制、炊具消毒、用水等环节的卫生监督管理。

衢州市柯城区七里乡小学的雷晓润由于家庭贫困，很少花钱买学校食堂的菜。3 年多的读书生涯，他主要的"菜"就是咸菜，以至于他看到咸菜就恶心。从 2005 年开始，衢州市在柯城区七里乡中心小学和龙游下宅中心小学施行学生营养餐试点，每周免费提供约 5 元的营养餐。对于雷晓润这样的学生来说，这无疑是一个天大的好消息。"肉吃起来是真香！"雷晓润不禁感叹。他甚至不舍得把肉一次吃完，每次都要挑出几块肉放在咸菜瓶里留到第二天吃。同样，从 2005 年秋季入学开始，绍兴县的贫困学生再也不用"就着咸菜下饭，一包霉干菜吃一周"了。统一印制的营养餐券发放到他们手中，全县9500 多名农村中小学生可获得"爱心营养餐"。台州市将"爱心营养餐"的补助比例从国家规定的 5% 扩大到 10%。一年后，营养不良的学生降至 20% 左右。各地市的"爱心营养餐"工程取得了显著成效。

## 青田：加大力度实施"爱心营养工程"

**本报讯（通讯员 梁伟来）**看着公告栏上公布的免费营养餐时间和菜单，青田小舟山乡校的寄宿生情不自禁地跳起来说："六餐？好哎！以后霉干菜几乎不用吃了！"寄宿生对去年 9 月开始的享受每周三餐的免费营养餐已是感到意外和满足，想不到政府竟这样牵挂和关心他们，成倍增加免费营养餐餐数。

2004 学年每一学期，青田县委、县政府筹措资金 125 万元实施"爱心营养工程"，向全县一万余名义务教育阶段和高中阶段家庭贫困的寄宿生免费提供一周三餐的营养餐，改善他们的伙食。

今年，该县把"爱心营养工程"作为人民群众生活密切相关的十件实事之一来落实。在近日召开的青田县第十三届人民代表大会第三次会议上，县长邝平正在《政府工作报告》中作出承诺：进一步加大投入，将寄宿生免费营养餐

由每周三餐增加到六餐。会后，县政府立即作出部署，决定从 4 月第一周开始，全县义务教育阶段和高中阶段家庭贫困的寄宿生免费享受每周六餐营养餐。营养餐定为二荤四素，荤菜以肉、蛋为主，素菜以青菜、豆制品为主。目前，该县近万名义务教育阶段和高中阶段家庭贫困的寄宿生已经开始吃上营养餐。据测算，每周六餐的"爱心营养工程"每年需投入资金 208 万元。

关于青田加大力度实施"爱心营养工程"的报道（《浙江教育报》2005 年 4 月 19 日第 2 版）

自此之后，浙江省义务教育阶段学生的营养餐补助标准、范围逐年增加。2006 年，青田县把营养餐提升至每周 5 天 15 餐全部免费。祯旺乡校二年级学

生潘良宝在得知自己可以享受营养餐补助的时候，非常兴奋地说："15餐？一周都免费啦！"青田县实施的"营养餐提升工程"切实改善了低收入家庭学生的营养条件。2006年，青田县参加全国性学生营养午餐工作研讨会，成为全国唯一一个与会的县级单位典型。

2009年，全省的"营养餐"补助标准被提升至每生每年350元。要求各校严格执行"一餐一公布、一周一汇总、一月一清算"制度，确保专款专用。

2012年9月17日，宁海县岔路镇中心小学的午餐是对虾、萝卜炖肉配豆腐咸菜汤（《宁波日报》2012年9月18日第6版）

2011年10月，义务教育阶段学生营养改善计划开始进入第三阶段。浙江省将农村义务教育阶段学生营养改善计划的资助面扩大到新扶贫标准4600元以下的困难家庭，补助标准也由每生每年350元提高到750元。

2014年11月，国家试点地区农村义务教育阶段学生营养改善计划补助标准从3元提高到4元。2015年，浙江省营养餐资助标准从每人每餐3.75元提高到5元，每生每年1000元。

2018年，浙江省人民政府办公厅印发《浙江省国民营养计划（2018—2030年）》，要求到2020年，农村中小学生生长迟缓率低至5%，到2030年，基本消除城乡学生身高差别，有效遏制学生肥胖率。

2019年，浙江省疾控中心调查了全省220所中小学午餐营养情况。调查结果显示，畜禽肉类66.3克，超过推荐量的3倍。尽管还有很多其他问题，但就这一点而言，广大中小学生已不缺肉吃，甚至还"过量"。曾经学生要靠着一直吃霉干菜、咸菜苦读书的日子，早已一去不复返。浙江中小学生午餐的营养变迁，实现了跨越式发展。

# 大事记

1992、1993年　国务院先后颁布《九十年代中国儿童发展规划纲要》《九十年代中国食物结构改革与发展纲要》，逐步建立义务教育阶段学生营养餐制度。

2005年　浙江省政府下发《关于全省农村中小学"四项工程"实施办法的通知》《农村中小学爱心营养餐工程实施办法》，发起义务教育阶段学生"爱心营养餐"工程，要求各级政府拨出营养补助专款，每生每年不低于200元。

2011年　国务院办公厅颁布《关于实施农村义务教育学生营养改善计划的意见》，启动国家试点，中央财政为农村义务教育阶段学生提供营养膳食补助，标准为每生每天3元。

2012年　浙江省教育厅下发《关于进一步加强中小学食堂管理工作的意见》，要求学校食堂必须坚持"公益性"原则，规范运营，完善定价机制。

2016年　教育部、国家发改委、财政部联合下发《关于进一步扩大学生营养改善计划地方试点范围　实现国家扶贫开发重点县全覆盖的意见》，确保2017年前实现营养改善计划国家扶贫开发重点县全覆盖。

2018年　浙江省人民政府办公厅印发《浙江省国民营养计划（2018—2030年）》，要求到2030年，基本消除城乡学生身高差别。

# 浙江省随迁子女就学工作

出生于 1994 年的尹营，在 2000 年前后跟随父母来到杭州，成为一名随迁子女。来到杭州之后，她被这座城市吸引，一直跟随父母在杭州生活。活泼好动的她喜欢艺术类专业，"我想考浙江传媒学院，成为一名文艺编导，策划、制作电视节目，感觉那样很有范儿"。但遗憾的是，由于她的户籍不在杭州，她不能参加杭州市的高考，尹营的"艺术梦"就此破灭。

2012 年的一个晚上，来自安徽六安的王飘飘正在上晚自修，突然物理老师的电话响了。接完电话后，老师神情严肃地向她走来，她紧张坏了。老师跟她说："王飘飘，你可以在杭州参加高考了。"原来是班主任在电视上看到，浙江省刚刚出台了异地高考政策。这可使王飘飘高兴极了。在此之前，她的父母已经准备让她转回老家的一所学校参加高考，手续也办好了。但执拗的王飘飘不愿离开杭州，她说："（我就）一直拖着没回去，没想到还真被我等到了。"

2012 年 12 月 28 日，浙江省出台了《关于做好外省籍进城务工人员随迁子女接受义务教育后在我省参加升学考试工作的实施意见》，省政府决定从 2013 年开始实施"异地高考"政策。这样就意味着随迁子女再也不用转回户口所在地参加高考了。

20 世纪 90 年代以来，随着改革开放的深入，越来越多的务工人员涌入浙江，处于学龄阶段的子女也逐步跟随父母的脚步来到异地。在2000年之前，随迁子女要在流入地就读，需要经过学校同意才能"借读"，并且需要缴纳不菲的"借读费"。这就限制了一部分随迁子女进入城市。但限制性的措施并不能从根本上解决问题。2000年之后，我国经济建设进入大发展时期，经济建设的繁荣创造了巨量的务工人员缺口，国家适时出台政策解除对进城务工人员的诸多限制，进城务工人员大幅增加，随迁子女数量及比例也随之上升。据2012年的统计数据，浙江省基础教育阶段中，外省籍随迁子女在校生约占15%，其中高中段约占2%。随迁子女就学入园难、入公办小学难，因为户口不得不回原籍参加中考、高考等问题逐渐成为一个突出的社会议题。

随着浙江省经济的发展、政策的出台，义务教育质量越来越有保障。1997年，浙江省完成了"两基"工作；2005年浙江省开始实施"农村中小学爱心营养餐工程"；2010年之后，全省实施义务教育阶段标准化学校建设，"十三五"期间已在全省实现校校标准化；全省实施了校长教师轮岗制度，城乡教育差距被进一步缩小……全省义务教育已从基本均衡迈向优质均衡。随着政策的出台，在浙随迁子女得以与本地学生享受同等待遇。"借读费"等费用被取消，"借读"变成"就读""共读"。在浙随迁子女切切实实享受到政策带来的实惠。

在衢州市龙游县，有一所随迁子女学校——北辰小学，随迁子女要占到97%以上。为保障随迁子女受教育质量，龙游县按照省级一类标准化学校标准，投资2500多万元，建设完成了新的北辰小学。新学校拥有现代化的教学楼、塑胶跑道等设施，教室里配备了电子白板等多媒体设备。学校还请名校托管，请来高水平的师资队伍。学校变漂亮了，老师水平也高，来自湖南的张婷婷，回到老家读书后又回到了北辰小学就读。张婷婷的母亲说："我女儿原本成绩并不怎么理想，可在北辰小学读了一个学期后，我发现她进步很大，这里的教学质量真是好！"龙游县雅村小学有一名来自云南彝族的小姑娘，她叫阿尔日良。由于家庭贫困，她在学校的伙食总是比同学们差一截。被选为

"爱心营养餐"的补助对象之后，阿尔日良可以吃到免费的荤素搭配饭菜，她的身体健康情况大为好转。龙游县实施了关爱随迁子女活动，开展了一系列心理引导、师生关怀等活动，让随迁子女感受到阳光与温暖。

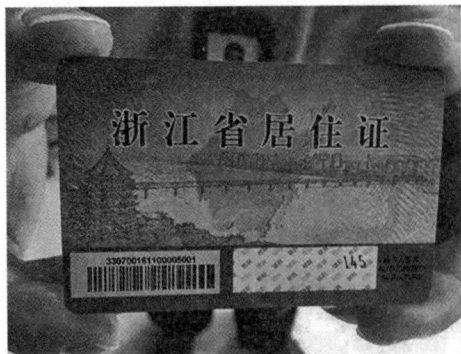

从 2017 年起，只要有"浙江省居住证"，随迁子女就可以在杭州读书（"浙江在线" 2017 年 8 月 5 日报道）

从 2017 年开始，浙江省实施随迁子女积分入学政策。杭州市同时开始施行新政，随迁子女无须提供家长社保证明，无须提供家庭房产证明，只要有"浙江省居住证"就可以在杭州读书。这就大大简化了随迁子女入学读书的难度。

秉持着"开放、包容、文明"的精神，浙江省逐渐让进城务工人员随迁子女这个庞大群体感受到了教育公平。随着时代的发展，浙江省逐步解决了随迁子女各类教育"痛点"问题，让他们"同在一片蓝天下"，享受一样的"阳光教育"。

## 大事记

1992年3月14日　《中华人民共和国义务教育法实施细则》规定："适龄儿童、少年到非户籍所在地接受义务教育的，经户籍所在地的县级教育主管部门或乡级人民政府批准，可以按照居住地人民政府的有关规定申请借读。"

1996年4月2日　《城镇流动人口中适龄儿童、少年就学办法（试行）》规定："城镇流动人口中适龄儿童、少年入学，应由其父母或其他监护人，持流入地暂住证，向流入地住所附近中小学提出申请，经学校同意后即可入学。"

1998年3月2日　《流动儿童少年就学暂行办法》规定："流动

儿童少年就学，以在流入地全日制公办中小学借读为主，也可入民办学校、全日制公办中小学附属教学班（组）以及专门招收流动儿童少年的简易学校接受义务教育。"

2001年5月29日　国务院出台了《关于基础教育改革与发展的决定》，提出："要重视解决流动人口子女接受义务教育问题，以流入地区政府管理为主，以全日制公办中小学为主，采取多种形式，依法保障流动人口子女接受义务教育的权利。"

2004年11月16日　《浙江省人民政府办公厅关于进一步做好流动儿童少年义务教育工作的意见》提出要将适龄儿童少年纳入本地普及九年义务教育的工作中。

2006年1月31日　国务院颁布《关于解决农民工问题的若干意见》，提出"将农民工子女义务教育纳入当地教育发展规划，列入教育经费预算"，"按照实际在校人数拨付学校公用经费"，"城市公办学校对农民工子女接受义务教育要与当地学生在收费、管理等方面同等对待，不得违反国家规定向农民工子女加收借读费及其他任何费用"。

2006年6月29日　新修订的《中华人民共和国义务教育法》规定："父母或者其他法定监护人在非户籍所在地工作或者居住的适龄儿童、少年，在其父母或者其他法定监护人工作或者居住地接受义务教育的，当地人民政府应当为其提供平等接受义务教育的条件。"

2012年12月28日　浙江省出台《关于做好外省籍进城务工人员随迁子女接受义务教育后在我省参加升学考试工作的实施意见》等文件，符合条件的学生可以从2013年开始报名参加浙江省的高考，省内外学子将一视同仁。

2017年　浙江省实施随迁子女积分入学政策。杭州施行新政，随迁子女凭"浙江省居住证"即可入校读书。

# 校长教师交流轮岗

在浙江省嘉善县，有一所中学叫"嘉善县实验中学"。在2010年之前，这所学校面临着令人头疼的学生流失问题。由于地处城乡接合部，相比嘉善县第一中学、第四中学等学校，嘉善县实验中学的师资相对薄弱，学校排名常常倒数。在"择校"就是"择师"的观念影响下，每年招进来的学生很多都转到了别校。最多时候，一届学生有10%左右，约四五十人纷纷转校。实验中学的硬件设施并不差，就是师资力量薄弱，这让校长周建平苦恼不已。

嘉善县实验中学

事情在2010年有了转机。嘉善县在调研中发现，占全县学校总数约2/3的农村学校，却拥有不到1/3的优秀师资。这就导致县城里的好学校吸引力越来越大，农村薄弱学校则越来越弱。

全县教育资源不均衡，"择校热"等问题较凸出。于是，嘉善县在全国率先启动义务教育学校教师流动试点工作，施行校长教师轮岗制度，推进全县教育资源均衡发展。

周校长所在的实验中学被选为试点学校。"教师流动"工作试行之后，嘉善县实验中学在 2 年内迎来 20 位教师，其中 3 位是县级以上名师。学校里好老师突然多了起来，相比其他两所县城中学，师资水平赶上来了。"流生"也就成了历史。在县里实施"义务教育学校教师流动"政策两年后，周建平校长拍着胸脯说："我们能跟一中、四中平起平坐了。"自信和骄傲溢于言表。

嘉善县实验中学的变化是一个非常典型的样本。在"义务教育学校教师流动"实施之前，嘉善县的师生流动只是单向地向更优质学校集中。"义务教育学校教师流动"就是政府推动教师双向甚至多向流动，尤其鼓励优质师资向薄弱学校、偏远农村地区流动，并在职称评定、绩效奖励等方面予以倾斜和系统性奖励。例如，教师想评高职，需要有在农村轮岗 2—3 年的经历；对参与轮岗交流的老师，政府设立 400 万元专项资金给予 2—3 倍补助……由于是全国率先试点，嘉善县最先确定了 8% 的流动目标，并制定了科学合理、详细可行的计划。普通教师、优质师资、名师以及学校从中层到校长管理干部按比例持续有序地开展交流轮岗工作，确保试点工作平稳进行。到 2013 年，全县参与流动的教师比例达到 33.9%，并收到了良好的社会效果。全县的农村地区、薄弱学校能享受到优质的师资，大大缩小了城乡教育差距，极大地推动了义务教育均衡发展。

一个突出的例子就是，在全县范围内，择校现象从根本上得到缓解。与实验中学情况一样，泗洲小学原来师资力量薄弱，生源流失率一度在 30% 以上，后来变为几乎没有学生再"流失"。群众的择校观念发生了很大的变化，教师和校长们的观念也有了很大改观——从对"流动"的观望、顾虑，到积极申请参与"流动"。有了名师的交流、带动，"普通"学校的教师们教研水平快速提升，在省市得奖、立项的教师越来越多。自从优质师资流转进来之后，大云镇中心学校科研能力大增，仅 2013 年一年，全校立项课题多达 28 项，甚至还获得1项国家级课题。教育水平赶上来了，农村初中录取率也有了较明显的增幅。嘉善县的"义务教育学校教师流动"改革，取得丰硕成果。

有了嘉善的成功经验，浙江省决定在全省实施县域内"义务教育教师异地轮岗"制度。2014年，校长教师带编交流在全省范围内展开，5年内有约6.5万名校长教师参与交流。"义务教育教师异地轮岗"制度在全省范围内深入展开，再加上"县管校聘"等措施，"多管齐下"，浙江省的教育改革成效显著。

衢州市柯城区下村完小之前的生源流失率高达45.6%，在"义务教育教师异地轮岗"制度实施后，不但没有了生源流失，还出现了生源回流的现象。学生家长王清林表示："教师现在跟城里的一样了，本来大家都想到城里去读书，现在不用了。"

嘉善的经验被推向了全国。2014年，全国教育系统中，校长教师"交流轮岗"逐渐制度化、常态化。

以前，你问嘉善县的好学校是哪些，嘉善人会说一中、四中；如今，同样的问题，嘉善人会反问一句："你指的是哪方面呢？"校长教师轮岗交流让教育均衡化发展落在了实处。


## 大事记

2010年10月24日　国务院印发了《关于开展国家教育体制改革试点的通知》，计划展开"推进义务教育教师流动"机制，嘉善作为全国试点县。

2013年7月16日　浙江省出台了《关于推进县（市、区）域内义务教育学校教师校长交流工作的指导意见》，并配套推出了一系列有力保障措施：建立了农村特岗教师津贴制度。在绩效工资外，专门补贴地理位置较偏远、条件较艰苦的农村小学教师。另外大幅提高义务教育阶段高级岗位比例，为校长教师交流轮岗铺平道路。

2014年8月13日　教育部、财政部、人力资源和社会保障部联合印发了《关于推进县（区）域内义务教育学校校长教师交流轮岗的意见》，在全国部署校长教师"交流轮岗"制度化、常态化。

# 新高考

## 2017 浙江新高考招生全面启动
### 29万余名考生报考

本报讯（记者 李臻 通讯员 鲍夏超 黄梓馨） 新高考招生即将全面展开，记者昨日从浙江省教育考试院获悉，高考综合改革试点正进入关键的决战时刻和冲刺阶段，我省将坚持"更高站位、更严标准、更大力度、更优作风、更强监督"，把好事做好，把实事做实。

据统计，今年我省高考共有29.13万考生，比去年减少1.6万人。其中普通高校招生报名25.01万人，单独考试招生报名4.12万人。各校在浙招生计划待编制汇总后，将于填报志愿前统一公布。

新高考普通类，按3门必考科目和3门选考科目考试；艺体类考生还须分别参加艺术专业和体育术科考试。首届高考生的学考选考已全部结束，6月统一高考只剩下语数外（含听力）三科目；17个类别职业技能考试也已完成，6月的单独考试招生减少为语数两科目。

按教育部部署，今年我省新高考，6月7日上午语文、下午数学，6月8日下午考外语；单独考试招生统考在6月7日，从原来的2天缩短为1天。

今年新高考招生志愿填报和录取规定已于年初向社会公布，不分文理、取消批次，分普通类、艺术类、体育类三类进行。本次我省出台的《实施意见》进一步明确了相关细节。

其中普通类平行录取实行专业平行志愿。分三段填报志愿和录取，分段线各按实考人数的20%、60%、90%确定，在高考成绩发布时一并公布。投档时以考生符合所填报志愿的选考科目范围为前提，根据考生高考总分，实行1:1投档。高考总分相同的考生，依据位次、志愿顺序投档，全部相同者一并投档。

普通类提前录取实行传统志愿。其院校及专业范围与往年基本相同，变化在于取消批次，原三个提前批合并为一个；所有符合条件的一、二、三段考生在规定时间内一并填报志愿，投档录取分段进行，第三段线下不再降分。提前录取高校（专业）可参考我省普通类分段线，在第三段线上提出最低文化要求。

2017浙江新高考招生全面启动（《宁波晚报》2017年5月17日第6版）

从2014级高一新生起，浙江就要施行"新高考"了。这也就意味着，3年后的2017年，是浙江省的"新高考元年"。

2014年的浙江"新高考"改革进一步深入贯彻了素质教育和多元评价机制。2014年9月，浙江省成为全国高考改革首批试点省市之一，推出了新一轮的高考方案。此次高考改革确立了"分类考试、综合评价、多元录取"的宗旨，让考生有了更多选择权。

此次"新高考"不再"文理分科"，参加统一高考的考生采用"3+3"的考试形式。考试科目分两类：一类是必考科目，包括语数外3门；一类是选考科目，包括政治、历史、地理、物理、化学、生物、技术（含通用技术和信息技术）7门。语数外必考，选考科目从以上 7 门中选 3 门。"7 选 3"的考试形式打破了原有"文理分科"的固有分类形式，让考生有了更大、更自由的展示自身综合素质的"舞台"。

"新高考"的另一个关键词是"一年考两次"。考生一年有两次考试机会，可选取其中一次考试成绩计入总分。这能有效降低偶然因素对考试成绩的影响，也可以部分实现"错峰"高考。在考试评价方面，仍然采用"等级赋分制"。浙江考试成绩不采用各科成绩相加、以总成绩排序的传统方式；而是将"等级赋分制"的多元评价机制"进行到底"。总体而言，必考科目按 A、B、C、D、E（E 为不及格）5 个等级评价；选考科目从 40 分开始，每 3 分为一个等级，按等级赋分。

在高校录取方面，浙江率先探索实行专业平行志愿。一个学校一个专业为一个志愿，考生可以填报 80 个志愿。浙江高校也有一定的自主权，高校可以自主确定专业选考科目要求。

本报记者蹲点观察

# 新高考带来新气象

**本报讯**（记者 陈蓓燕 于佳 武怡晗 见习记者 金澜）6月8日下午5点，随着外语考试结束的铃声响起，2017浙江新高考正式画上句号。今年被称为"新高考改革元年"，考场内外又有哪些新元素、新气象呢？

7日首场考试开考后大约的10分钟，在杭州高级中学考点外，看红衣、穿旗袍、披马褂的送考大军已基本散去，只余下一些住地较远的家长在等候。"相较往年，今年高考时间由两天缩短为一天半，而且之前已经进行过多次考试，孩子心态感觉比较放松。"家长何先生说，去年10月儿子参加了第一次外语考试，成绩还不错，儿子不紧张，全家人都很松口气。

而对于职高生来说，今年高考时间缩短到1天。在杭州开元商贸职业学校考点外，该校电商144班班主任黄雪婵告诉记者，相比往年基础文化课和职业技能同步考，这届高三学生在去年底和今年4月已完成了相关的职业技能考试，考试时间的错开帮助考生分散了压力。

两日来，本报记者在考场外也见到了很多"缺席者"，原来他们都是已被各类院校提前录取的"准大学生"了。

杭州市中策职业学校会计班班主任张雁说，由于新高考倡导的多元选拔机制，加上高职院校自主招生力度一年比一年加大，学校几乎每个高三班级都有提前被录取的学生。而在德清县第一中学考点外，被浙江育英职业技术学院中糕乐专业提前录取的小宋也说，自己虽不是凭高考成绩，单凭高考成绩，自己进不了心仪的高校，而通过高职提前招生，她最终圆了大学梦。

确实，多元的升学通道让如今的高考已不再是千军万马过独木桥的状态。正在陪考的绍兴市稽山中学高三班主任孔和群告诉记者，学校这届高三有部分学生被浙江大学、上海交通大学等名校提前录取，另有100多人以"三位一体"考试招生。

7日下午数学考试结束后，女生小李走出杭州第十四中学考场对家长说，"前面的题目超级简单，后面的题目超级难"。尽管如此，自认为偏文科的她却没有太多沮丧，因为数学本就是弱项，解答不出难题属于意料之中的事。小李告诉记者，"现在不分文理科，我选考了生物、历史和政治，一样可以报自己喜欢的医学专业。对于数学，考前我告诉自己努力争取做读章的分就好了。"

对于接下来的志愿填报，不少家长们表示已有准备。在杭州学军中学考点外，家长陈女士说，很多高校的专业名称虽只有一字之差，但培养方向截然不同，通过学校3年的职业生涯规划教育课，不仅孩子对未来职业有了想法，家长们也提前做了功课，心里都有数了，"孩子将来想报计算机方面的专业，我们尊重孩子的选择，帮他多搜集一些高校资料，让他做出合适的选择。"

走出首日考试结束，杭州第十四中学考点的考生们笑着
（本报通讯员 李忠 摄）

语文考试结束后，一名考生在家长陪伴下高兴的离开考场。 （本报见习记者 叶羽舒 摄）

6月7日，杭州市富阳区职业教育中心教师身穿红衣，列队在红毯两侧为考生送考。
（本报通讯员 白振东 摄）

2017 年浙江新高考（《浙江教育报》2017 年 6 月 9 日第 1 版）

2017年6月8日下午5点，浙江省"新高考"考试结束。在杭州第十四中学考点，考生小李谈到考试感受时说道，数学考试前面的题目很简单，越到后面越难。但她并没有沮丧："现在不分文理科，我选考了生物、历史和政治，一样可以报自己喜欢的医学专业。对于数学，考前我告诉自己努力争取该拿的分就好。"就在小李认真参加高考统一考试时，考场外还有很多已经被提前录取的"准大学生"。他们有的通过高职提前招生，有的被浙江大学、上海交通大学等名校提前录取。经过高考改革后，浙江的考生不用再"千军万马过独木桥"了。绍兴市稽山中学的2017届高三学子，有的被名校提前录取，还有100多名已入围"三位一体"考试招生。相对以往的高考紧张氛围，这次考试显得轻松很多。

"三位一体"是浙江省在2011年推出的高考改革措施。"三位一体"简言之，就是统一考试（高考）成绩、学业水平考试（会考）成绩和学校综合测试成绩这三者以一定方式得出综合成绩，然后确定录取考生。考生需要参加所报高校组织的综合素质测试。考生可以通过手工才艺、唱跳、面试问答等各种形式展示自己的思维能力、基础知识、创新意识等综合素质，最终获得大学录取资格。由于"三位一体"是提前批，考生如未被"三位一体"录取上，可以正常参加统一录取批次。如果高考发挥"失常"，只要综合素质好，就可以通过"三位一体"的方式进入心仪的高校。因此，"三位一体"推出后，受到考生热烈欢迎。

综合来看，浙江省的"新高考"改革，改变了传统教育模式"唯分数论""一考定终身"的弊病，着意促进学生个性、兴趣及成长的过程性和全面性，在考试方式、评价方式等教育观念上增加了灵活性和个性化特征。成绩不再是唯一的评价依据，学生的个性、能力等素质，同样是重要的升学影响因素。学生的成长过程和综合素质，成为浙江省基础教育的新"焦点"。这使得浙江省的基础教育向着"以学生为本"和"素质教育"的方向迈出了坚实的步伐。

# 大事记

2014年11月10日　浙江省出台《浙江省普通高校招生选考科目考试实施办法》，决定从2014年起实施新的高考方案。该方案在2017年迎来"新高考元年"。

# 义务教育标准化学校建设

2010 年前的江南小学

现在的江南小学

在浙江省龙泉市，有一所全日制外来务工子弟小学——江南小学。在 2010 年前，学校校园建设资金匮乏，学校发展相对滞后。校舍破旧，教学设备不足，全校用于教学的电脑仅有两台。学校操场是泥地，每逢刮风下雨，学生苦不堪言。学校操场面积也小，甚至不能满足全校 390 名学生一起做早操……2010 年，龙泉市江南小学迎来发展转机——学校进入浙江省标准化学校建设名录。新建后的江南小学，校舍面积从 0.43 万平方米扩建至 1.8 万平方米，校舍焕然一新，多媒体教室、音乐室、图书室等一应俱全，多媒体教学设备充足。学校操场改建为 0.78 万平方米，拥有 6 道环形塑胶跑道。学校专门建造了一个室内网球场，发展网球特色，并多次在丽水市的网球比赛中获得佳绩。学生在学校里可以学到各种有趣的课程：各种球类运动、口风琴、电钢琴、泥塑、黏土、虚拟机器人……学校开发的"百变黏土"课被评为丽水市精品课程。

2013 年和 2014 年，江南小学分别通过"省标准化"和"现代化达标校园"验收，成为龙泉市义务教育标准化学校建设的一个典范。

对于浙江省义务教育标准化中小学建设而言，2010 年是个特殊的年份。在这一年，省政府在全省范围内推行建设标准化中小学校计划，并提出目标：在 2015 年达到 85%，2020 年达到 95%。省政府十分重视中小学标准化建设工作，将之列为"省政府十方面民生实事"。

关于杭州上城区花 3.3 亿元打造"学校标准化工程"的报道（《浙江教育报》2001 年 3 月 3 日第 1 版）

2011 年，浙江省教育厅发文要求省内小学每班不超过 45 人，中学每班不超过 50 人。实施小班化教育的学校，小学每班限额 30 人，初中及九年制学校每班限额 35 人。要求标准化中小学应配备科学实验室、音乐教室、美术教室、计算机教室、综合实践教室等专用教室和仪器室等专业用房，图书馆（室）、心理健康辅导室、体育活动室和艺术舞蹈室等公共教学用房。另外，对办公及生活用房、校舍用地、师资队伍、图书仪器、信息化设备以及校园环境等方面做了科学完备的规定。

全省共遴选出 19 个基础教育薄弱的县（市、区），采取重点帮扶、一校一策、定期督查、限期整改等措施，集中精力重点进行薄弱地区、薄弱学校的标准化建设，缩小学校、地区之间的差距，提升整体均衡化水平，让好学校从"一所所"变成"一片片"。

浙江省还实施了万校标准化学校建设工程、农村小规模学校调整改造工程、农村学校家庭经济困难学生资助扩面工程、爱心营养餐工程、教师素质提升工程等一系列切实有效的措施。2013 年，根据国家要求，浙江省在全省相继启动全面改善贫困地区义务教育薄弱学校基本办学条件（"全面改薄"）工作、义务教育薄弱环节改善与能力提升工作。

经过努力，部分城市、地区提前完成任务。2016 年 5 月，龙泉市的标准化中小学数量达到 35 所，创建率达到 95%，提前 4 年完成浙江省政府规划目标。据《浙江日报》报道，"十三五"期间，全省义务教育标准化学校达标率超越预期目标，达到 98.04%，全省城乡已基本实现校校标准化。

## 大事记

2010年12月1日　中共浙江省委、浙江省人民政府印发《浙江省中长期教育改革和发展规划纲要（2010—2020年）》，要求在全省开展义务教育阶段学校标准化建设，中小学要均衡配置师资、设备、图书、校舍等，促进县域内义务教育实现高水平均衡化发展。

2011年4月29日　浙江省教育厅印发《浙江省义务教育标准化学校基准标准》，对标准化学校各项指标做了明确规定。

# 义务教育均衡发展

　　从 20 世纪 80 年代的低矮平房，到 2002 年的四层教学楼，再到 2012 年的现代化教学楼，海盐县沈荡镇齐家小学完成了一个农村小学的"华丽转身"。可升降桌椅、笼式足球场、"赛车工坊"……齐家小学让人惊叹："一点也看不出是农村学校的模样！"从前家长们把孩子送进城里上学，现在家长们争着抢着把孩子送进齐家小学。这甚至成了齐家小学的"甜蜜负担"。

关于齐家小学的报道（《浙江日报》2019 年 9 月 20 日第 6 版）

　　齐家小学的巨变只是浙江省广袤大地上所有中小学变化的一个缩影。从 2011 年到 2015 年，浙江的中小学基本实现均衡发展。

2011 年，浙江省与教育部签署义务教育均衡发展备忘录，旨在推进全省义务教育均衡发展。《浙江省义务教育标准化学校基准标准》对全省中小学各方面做了科学完备的规定，以缩小学校、地区之间的差距，让好学校从"一所所"变成"一片片"，实现全省城乡中小学整体均衡化。

到 2015 年，全省义务教育均衡发展取得显著成效。2015 年 6 月，国家教育督导组认定：浙江省全部县（市、区）均实现了县域义务教育基本均衡发展。浙江在这方面成为全国"前五"。

浙江省政府并未就此止步，省教育厅将基础教育发展目标定为：从基本均衡迈向高水平均衡。

学校"硬件"配齐了，师资和教学能力这些"软件"也要跟上来。省内启用义务教育阶段校长教师交流制度，让城乡校长教师"流动"起来。城区的优质教师、骨干教师向农村地区、偏远地区流动，农村地区教师有机会来城区教学，从而促进城乡教育资源均衡发展。在制度上，省政府积极推进中小学教师"县管校聘"改革，让教师从某所学校的"学校人"变成县教育系统的"系统人"，促进教师在全县内更好地流动，确保农村地区孩子能接受高质量的教育，确保"家门口"的学校一样有名师、有优质教育资源。从 2017 年到 2019 年，全省共有 4710 名骨干教师和 1788 名校领导到农村薄弱学校交流。截至 2021 年，全省参与"结对帮扶"和乡村小规模受援结对的学校为 3000 余所。城乡教育资源共享，城乡共上网络"云课堂"，这些措施切实有效地推动了全省义务教育学校向标准化、高水平均衡化迈进。

未来几年，浙江省将义务教育发展目标定为"优质均衡"，力争在 2026 年之前实现全省一半以上的县（市、区）成为全国义务教育优质均衡发展县（市、区）。部分城市地区已提前完成预计目标。2019 年 10 月传来喜讯，海盐县和宁波市江北区成为全国首批义务教育优质均衡发展县（区）。截至 2021 年，全省义务教育学校校际差异系数小于 0.3，这表明，浙江省的义务教育优质均衡发展已走在全国前列。

# 大事记

2011年4月29日　浙江省教育厅印发了《浙江省义务教育标准化学校基准标准》。

2016年8月16日　浙江省发展和改革委员会、教育厅发布了《浙江省教育事业发展"十三五"规划》，要求全省继续深入推进义务教育标准化建设。

# 参考文献

[1]《浙江省教育志》编纂委员会.浙江省教育志[M].杭州:浙江大学出版社,2004.

[2]《中国教育年鉴》编辑部.中国教育年鉴1949—1981[M].北京:中国大百科全书出版社,1984.

[3]《中国教育年鉴》编辑部.中国教育年鉴1982—1984[M].长沙:湖南教育出版社,1986.

[4]《中国教育年鉴》编辑部.中国教育年鉴1985—1986[M].长沙:湖南教育出版社,1988.

[5]《中国教育年鉴》编辑部.中国教育年鉴1988[M].北京:人民教育出版社,1989.*

[6]陈近.当代宁波帮商人和浙江教育[M].北京:中国社会科学出版社,2014.

[7]改革开放30年中国教育改革与发展课题组.教育大国的崛起:1978—2008[M].北京:教育科学出版社,2008.

[8]改革开放以来的教育发展历史性成就和基本经验研究课题组.改革开放30年中国教育重大历史事件[M].北京:教育科学出版社,2008.

[9]何东昌.中华人民共和国重要教育文献:1949—1997[M].海口:海南出

---

\* 1988年及以后每年出版一部《中国教育年鉴》,且均由人民教育出版社出版,本书参考至2015年的《中国教育年鉴》,参考文献中不再一一列出。

版社，1998.

[10]《中华人民共和国重要教育文献》编委会.中华人民共和国重要教育文献：1998—2002[M].海口：海南出版社，2003.

[11]何东昌.中华人民共和国重要教育文献：2003—2008[M].北京：新世界出版社，2010.

[12]侯靖方.日出江花红胜火：1998—2002年浙江教育发展报告[M].杭州：浙江教育出版社，2004.

[13]刘希平.千秋大业 教育为基：浙江教育60年[M].杭州：浙江人民出版社，2009.

[14]刘英杰.中国教育大事典[M].杭州：浙江教育出版社，1993.

[15]王会军.浙江教育技术史[M].杭州：浙江教育出版社，2017.

[16]张彬，等.浙江教育发展史[M].杭州：杭州出版社，2008.

[17]张彬.浙江教育史[M].杭州：浙江教育出版社，2006.

[18]张礼永，蒋纯焦，张继玺，等.共和国教育70年[M].南昌：江西教育出版社；广州：广东教育出版社，2020.

[19]浙江教育报刊总社.我看改革开放30周年：浙江教育的变迁[M].杭州：浙江教育出版社，2009.

[20]浙江省教育厅.浙江教育年鉴：2008[M].杭州：浙江教育出版社，2008.*

[21]中央教育科学研究所.中华人民共和国教育大事记：1949—1982[M].北京：教育科学出版社，1984.

---

\* 本书参考了2008—2018年的《浙江教育年鉴》，每年一部，均由浙江教育出版社出版，参考
　文献中不再一一列出。